Julien l'Empereur

Discours philosophiques

Sur le roi soleil — Sur la mère des dieux —
Contre les chiens ignorants — Contre le cynique
Héraclius — Contre les Chrétiens,
ou Réfutation des Évangiles

Traduit et annoté par Eugène Talbot

Copyright © 2022 by Culturea
Édition : Culturea 34980 (Hérault)
Impression : BOD - In de Tarpen 42, Norderstedt (Allemagne)
ISBN : 9782382749784
Dépôt légal : août 2022
Tous droits réservés pour tous pays

SUR LE ROI SOLEIL

À Salluste

Sommaire

Motifs qui ont engagé Julien à écrire ce discours. Plan de l'auteur, et division de l'ouvrage : nature du dieu, sa puissance, ses vertus manifestes ou cachées, ses bienfaits. Le Soleil est l'image visible de Dieu, créateur du monde. — Identité du Soleil avec plusieurs divinités. Il sert de médiateur aux dieux intelligents, et opère l'unité du monde. — Les anges solaires. — Substance du Soleil. — Ses vertus efficaces résultent de la perfection de sa substance. — Détails à ce sujet. — Bienfaits produits par le Soleil. — Diffusion de sa lumière sur tous les êtres. — Son influence astronomique. — Dons qu'il répand sur les hommes. — Division du temps chez les différents peuples. — Prière au Soleil. Conseils à Salluste. — Nouvelle prière au Soleil.

1. Je conviens que le présent discours peut être placé dans la bouche de tous les êtres

   Que l'on voit respirer ou ramper sur la terre [1]

et qui ont reçu l'existence, une âme raisonnable et un esprit, mais ce droit m'appartient plus qu'à personne ; car je suis le serviteur du Roi Soleil. J'en trouve ici dans moi-même les preuves les plus péremptoires, et qu'on ne m'en veuille point de dire ce qu'il m'est permis de révéler [2]. Dès mon enfance, je fus pris d'un amour passionné pour les rayons de l'astre divin. Tout jeune j'élevais mon esprit vers la lumière éthérée, et non seulement je désirais y fixer mes regards durant le jour, mais, la nuit même, par un ciel serein et pur de nuages, je quittais tout pour aller contempler les beautés célestes, ne sachant plus ce qu'on me disait ni ce que je faisais moi-même. Mon attention était si forte, ma curiosité si soutenue que l'on

---

[1] *Odyssée*, XVIII, 130.
[2] Voyez sur l'initiation de Julien, Emile Lamé, p. 45 et suivantes.

m'eût pris pour un astrologue profond, bien que j'eusse à peine de barbe[3]. Et cependant, j'en atteste les dieux, aucun livre sur cette science ne m'était tombé entre les mains et je n'avais rien appris qui pût y avoir rapport.

2. À quoi bon ces détails, dira-t-on, quand j'ai des choses plus importantes à faire connaître, par exemple ce que je pensais alors des dieux ? Mais vouons ces ténèbres à l'oubli. Disons seulement que la lumière céleste, qui brillait autour de moi, me ravissait et m'absorbait dans sa contemplation unique, de sorte que je découvris par moi-même le mouvement de la lune, opposé à celui du reste du monde, avant d'avoir lu les philosophes qui ont écrit sur ce sujet. Que cette assertion me serve de preuve. Je trouve digne d'envie le sort d'un homme, que la Divinité, en formant son corps, a doué d'une étincelle sacrée et prophétique, qui lui découvre les trésors de la sagesse. Je ne dédaigne point non plus l'avantage que le ciel m'a fait d'être issu dans ce siècle et d'une famille régnante qui domine sur l'univers. Mais je crois pourtant, sur la foi des sages, que le père commun des hommes c'est le Soleil. On l'a dit avec raison : « L'homme engendre l'homme, et aussi le Soleil[4]. » Quant aux âmes, il ne les produit point seul, mais il les recueille des autres dieux et les sème sur la terre, où elles montrent elles-mêmes, dans la vie, la fin qu'elles ont résolu d'atteindre. Il est donc fort beau pour un homme de tenir, par trois générations ou par une plus longue suite d'ancêtres, au culte de ce dieu ; mais ce n'est pas non plus une situation à dédaigner, quand on s'avoue né pour le servir, de s'être, seul ou avec un petit nombre d'autres, consacré spécialement au culte d'un tel maître.

3. Voyons donc à célébrer aujourd'hui de notre mieux la fête de ce dieu, que la ville souveraine solennise par des sacrifices annuels. Il est difficile, je le sais bien, de se faire une idée du Soleil invisible par la grandeur de celui qui se voit ; peut-être même est-il impossible de le faire, à moins de demeurer au-dessous du sujet. Car je suis convaincu qu'il n'est au pouvoir de personne d'y atteindre ; et si l'on ne s'écarte pas trop de la médiocrité, c'est tout ce qu'on peut exiger des forces de la nature humaine en matière d'éloges. Mais ici j'appelle à mon secours Mercure, dieu de la parole, avec les Muses et Apollon Musagète[5], car lui aussi préside à l'éloquence. Puissent-ils m'accorder de dire des dieux immortels ce qu'il leur plaît que l'on dise et que l'on croie d'eux. Maintenant quel sera le plan

---

[3] Il avait une vingtaine d'années.
[4] Aristote, *De la nature*, II, 2.
[5] C'est-à-dire conducteur des Muses.

de cet éloge ? Et, si je traite de la nature du dieu, de son origine, de sa puissance, de ses vertus manifestes ou cachées, et des bienfaits qu'il prodigue, m'écarterai-je beaucoup des louanges qui lui conviennent ? Je vais donc commencer.

4. Ce monde magnifique et divin, qui s'étend de la voûte élevée du ciel jusqu'aux extrémités de la terre, et que maintient l'immuable providence de Dieu, existe de toute éternité et existera éternellement, sans être soutenu par une autre loi que par la force incessante du cinquième corps[6], dont le principe élémentaire est un rayon de soleil, puis, à un second degré, pour ainsi dire, par le monde intellectuel et au-dessus encore par le roi de l'univers, autour duquel tout gravite. Ce principe, qu'il me soit permis de l'appeler l'être au-dessus de notre intelligence, ou bien l'idée de tous les êtres, le tout intellectuel, ou bien encore l'un (car l'un doit précéder tous les autres comme étant le plus ancien), ou enfin le bon, suivant l'expression ordinaire de Platon, ce principe, dis-je, étant la cause simple et unique de tout ce que les autres êtres peuvent avoir de beauté, de perfection, d'unité et de puissance inaltérable, a produit de la substance primordiale, innée en lui, et pour tenir le milieu entre les causes intellectuelles et les principes actifs, le grand dieu Soleil, qui lui ressemble en tout, ainsi que le pense le divin Platon quand il dit[7] : « Sache que, quand je parle de l'être produit par le bon[8], j'entends que l'être produit a une parfaite analogie avec l'être producteur : ce que l'un est dans la sphère idéale, par rapport à l'intelligence et aux êtres intellectuels, l'autre l'est dans la sphère visible, par rapport à la vue et aux objets visibles. » Ainsi, selon moi la lumière du Soleil doit avoir, avec tout ce qui est visible, la même analogie que la vérité avec tout ce qui est intellectuel. Le grand tout, que je dis émané de l'idée du premier et souverain bien, parce qu'il était de toute éternité dans la substance de celui-ci, en a reçu la domination sur tous les dieux intelligents, et il distribue à ces dieux intelligents les dons qu'il tient du souverain bien, et que comporte la nature des êtres intellectuels. Ainsi, le bien propre aux êtres intellectuels, la beauté, l'essence, la perfection, l'harmonie de l'ensemble, le souverain bien le leur communique et le fait rayonner sur eux par sa puissance, représentative de tout bien. Or, c'est le Soleil qui distribue ces biens

---

[6] Sans entrer dans de longs détails sur cette cinquième substance de la nature, distincte des quatre éléments, c'est-à-dire de l'air, du feu, de la terre et de l'eau, rappelons que, d'après la doctrine d'Aristote, les anciens admettaient pour principe moteur et conservateur du monde, une sorte d'âme, de dieu, d'éther, auquel ils ont donné plusieurs noms. C'est l'Entéléchie d'Aristote, le *Quinta natura* de Cicéron, le *Mens universi* de Sénèque, le *Mundi anima* de Macrobe.
[7] *République*, VI, 19.
[8] C'est du soleil que Platon veut parler.

aux êtres intellectuels, préposé qu'il est par le souverain bien pour leur commander et pour régner sur eux, quoiqu'ils soient nés avec lui et qu'ils émanent de la même substance, mais dans la vue sans doute qu'un seul principe, représentatif du bon et disposant de tous les biens, gouvernât tout suivant la raison. Mais un troisième Soleil [9] est apparent ; je parle de ce disque lumineux, qui est pour tous les êtres sensibles un principe évidemment générateur et conservateur, et qui, visible lui-même, communique aux êtres visibles tout ce que nous avons dit que le Grand Soleil communique aux dieux intelligents. Les preuves en sont manifestes pour qui étudie dans les objets apparents ceux qui ne le sont pas. Et d'abord, la lumière elle-même n'est-elle pas la forme incorporelle et divine de ce qui est virtuellement diaphane ? Or, la diaphanéité, quoique ayant en soi, pour ainsi dire, tous les éléments, dont elle est la forme immédiate, n'est cependant ni corporelle, ni composée de parties, et n'a aucune des propriétés affectées au corps ; en sorte que l'on ne peut lui attribuer ni la chaleur, ni le froid son contraire, ni la dureté, ni la mollesse, ni aucune des différences appréciables au toucher, au goût et à l'odorat [10]. Sa nature ne frappe que l'organe de la vue, mis en action par la lumière. La lumière, à son tour, n'est que la propre forme de cette nature, répandue de manière à pénétrer les corps ; et la lumière étant incorporelle, les rayons en sont comme la perfection et la fleur.

5. Les sages de la Phénicie, versés dans la connaissance des choses divines, nous enseignent que la splendeur réelle du pur esprit, disséminée dans tout l'univers, naît d'une forme sans mélange. Or, la raison n'y contredit point, puisque la lumière est incorporelle, et que, si elle ne peut avoir sa source dans un corps, il s'ensuit que cette forme sans mélange a son siège lumineux dans l'être qui occupe le centre du ciel. De là, elle rayonne, remplit de sa vive clarté tous les globes célestes et inonde l'univers d'une lumière divine et pure. Quant aux bienfaits qu'elle dispense aux dieux avec mesure, nous en avons déjà parlé et nous y reviendrons un peu. Tous les objets que nous voyons à l'aide de la vue n'ont de perceptible en réalité que le nom, s'ils n'ont pour auxiliaire l'interposition de la lumière. Quel

---

[9] « Puisque Julien parle ici du troisième soleil comme le seul apparent, il en suppose deux autres invisibles, dont il a parlé précédemment sans les bien distinguer l'un de l'autre. Le premier est incontestablement le premier principe, la cause ultérieure et préexistante à toutes les autres. Le second, engendré de toute éternité par le premier, est la raison, le monde intelligent, ou le verbe, le *logos* de Platon, que Julien a déjà dit être semblable en tout au premier, et destiné à produire aussi de toute éternité le monde visible et intellectuel. Enfin le troisième est l'image du second ; il en partage l'intelligence et en reçoit les bienfaits, qu'il communique à tous les êtres. Telle nous paraît être la clef de toute la théologie de Julien dans ce discours. » Tourlet.
[10] Ajoutons l'ouïe, pour être complet.

objet, en effet, serait visible, s'il ne recevait tout d'abord sa forme de la lumière, ainsi que la matière reçoit sa perfection de l'artiste ? L'or, par exemple, quoique fondu au creuset, est toujours de l'or. Il ne devient une image, une statue, que quand il a reçu de l'artiste une forme donnée. De même, les corps visibles de leur nature ne deviennent tels que lorsque lumière s'interpose entre eux et ceux qui peuvent les voir. Puis donc qu'elle donne à ceux qui voient la faculté de voir et aux êtres visibles celle d'être vus, elle unit dans un seul acte deux propriétés parfaites, la vision et la visibilité, et ses perfections sont les formes et l'existence. Peut-être ces distinctions sont-elles trop subtiles. Joignons-y le témoignage de tout ce que nous sommes d'ignorants et d'illettrés, de philosophes et de savants, à savoir qu'il y a dans l'univers un dieu dont le pouvoir est de produire, en se levant et en se couchant, le jour et la nuit, ainsi que de changer et de métamorphoser tout. Car à quel autre parmi les astres appartient ce pouvoir ? Cela étant, pourquoi ne croirions-nous pas que son influence s'étend à des êtres plus divins et qu'il comble de ses biens cette famille invisible et sainte de dieux intelligents, qui plane au-dessus du ciel, puisque c'est à lui qu'obéit tout le chœur des astres et cette géniture gouvernée par sa providence ? En effet, les planètes forment des chœurs autour de lui, comme autour de leur roi : placées à des distances fixes de son orbite, elles parcourent un cercle régulier, gardent certaines stations, avancent et rétrogradent, suivant les termes dont se servent pour exprimer ces divers phénomènes les savants versés dans la connaissance de la sphère. De même, la lumière de la lune augmente ou diminue en raison de sa distance au Soleil : c'est un fait évident pour tous. En conséquence, comment ne supposerions-nous pas que l'organisation des dieux intelligents, plus ancienne que celle des corps, est analogue à l'ordre dont nous avons parlé ? Reconnaissons donc, d'après tout ce qui précède, sa vertu perfectible, parce qu'il nous fait voir parfaitement tous les objets visibles ; sa puissance fécondante et organisatrice, par les métamorphoses qu'il opère dans l'univers ; sa tendance à l'unité, par l'accord harmonieux des mouvements qu'il produit ; sa force intermédiaire, par le milieu qu'il occupe, enfin sa souveraineté sur les êtres intelligents, par sa situation au centre des astres errants qui l'entourent. Car si quelque autre dieu visible réunissait à nos yeux les mêmes qualités que lui, ou tout au moins des qualités semblables, nous ne lui attribuerions pas la supériorité sur les dieux. Mais comme il n'a de commun avec les autres dieux que la bienfaisance qu'il exerce sur tous, nous réglerons notre opinion tant sur la foi des prêtres cypriens, qui consacrent des autels communs au Soleil et à Jupiter, que sur le témoignage d'Apollon, dieu qui a son trône à côté du maître des dieux[11]. En effet ce dieu dit :

> Il n'est qu'un Jupiter, un Pluton, un Soleil,
> C'est le dieu Sarapis.

Nous pensons donc que la souveraineté sur les dieux intelligents est commune au Soleil et à Jupiter, ou plutôt qu'elle n'en fait qu'une.

6. Platon[12] me paraît avoir fait avec beaucoup de justesse de Pluton une divinité sage ; c'est celle que nous connaissons sous le nom de Sarapis, en grec Hadès, comme qui dirait Aeidès[13], c'est-à-dire dépourvu de formes sensibles, et par suite essentiellement intellectuel. Il ajoute que c'est vers lui que s'envolent les âmes de ceux qui ont vécu selon la raison et la justice. En effet, il ne s'agit point ici du dieu devant lequel la mythologie nous fait frissonner, mais d'un être clément et doux, qui délivre les âmes des liens de la vie, et qui, au lieu de les attacher à d'autres corps pour les punir et les châtier, les élève à lui et les emmène dans le monde des intelligences. Cette opinion est loin d'être nouvelle. Les plus anciens des poètes, Homère et Hésiode, s'en sont emparés, soit qu'ils l'aient trouvée eux-mêmes, soit qu'une pensée divine et prophétique ait conduit leur enthousiasme jusqu'à la vérité. En voici la preuve. L'un d'eux, en effet, dans sa généalogie, fait naître le Soleil d'Hypéron et de Théia[14]. C'en est assez pour faire entendre que c'est le fils légitime de l'être supérieur à tous les êtres. Car que signifie autre chose le nom d'Hypérion ? Et que veut dire Théia, si ce n'est le plus divin des êtres ? Ne voyons là ni mariage ni commerce charnel, paradoxes et jeux imaginaires de la muse poétique, et ne considérons le père et le créateur du Soleil que comme le plus divin et le plus élevé des êtres. Homère[15], à son tour, l'appelle Hypérion, du nom de son père, comme pour nous montrer qu'il le croit indépendant et libre de toute contrainte. En effet, suivant Homère, Jupiter, maître de tous les dieux, peut user de cette contrainte à leur égard ; mais dans le récit légendaire où le dieu

---

[11] Voyez Macrobe, *Saturnales*, liv. I, chap. XVII, XVIII, XIX, XX, XXI, XXII et XXIII. — Le vers cité est emprunté aux poésies orphiques.
[12] *Cratyle*, chap. XX, vers la fin.
[13] C'est-à-dire sans forme. J'ai étendu de quelques mots le texte grec.
[14] Voyez Hésiode, *Théogonie*, v. 370 et suivants. — *Hypérôn* veut dire supérieur, et *Théia* signifie divine.
[15] *Odyssée*, I, 8 ; XII, 176, 374 ; Hymne à Minerve, 13 ; Hymne au Soleil, 4.

Soleil annonce qu'il veut quitter l'Olympe, à cause de l'impiété des compagnons d'Ulysse[16], Jupiter ne dit pas au Soleil :

> Je pourrais t'entraîner, toi, la terre et les mers[17].

Il ne le menace ni de chaîne ni de violence, mais il lui permet de punir les auteurs du forfait et le prie de briller pour les dieux. Homère n'insinue-t-il point par là que non seulement le Soleil est indépendant, mais qu'il est doué d'une force spontanée ? Car comment les dieux auraient-ils besoin de lui, si ce n'est que, en pénétrant leur substance et tout leur être d'une flamme secrète, il leur communique les bienfaits dont j'ai déjà parlé ? Quant à ces paroles du même poète[18] :

> L'infatigable dieu qui brille sur le monde,
> Par l'auguste Junon, la déesse aux grands yeux,
> Dans la mer à regret voit éteindre ses feux ;

elles signifient simplement que la nuit vint avant l'heure, au moyen d'une brume épaisse. C'est ainsi que le poète dit ailleurs de la même déesse[19] :

> Junon devant leurs pas étend une ombre obscure.

Mais laissons les poètes et leurs fictions, où ils mêlent au divin beaucoup d'humain, et voyons maintenant ce que le dieu lui-même nous apprend et de lui et des autres divinités.

7. La région qui environne la terre doit son existence à un principe générateur. Or, de qui reçoit-elle le don de l'immortalité, si ce n'est de celui qui embrasse l'ensemble dans des mesures déterminées ? Car la nature d'un corps ne peut être infinie, puisqu'elle n'est ni sans origine, ni capable de subsister par elle-même. Si donc elle tirait de son propre fonds quelque produit qui ne fût jamais remplacé, sa substance, comme celle de tous les êtres créés, serait bientôt consumée. Mais le dieu, en s'approchant de cette nature avec régularité, la redresse et la recrée, tandis que, en s'en éloignant, il l'affaiblit et la corrompt.

---

[16] Voyez *Odyssée*, XII, 380.
[17] *Iliade*, VIII, 24.
[18] *Iliade*, XVIII, 239.
[19] *Iliade*, XXI.

Disons mieux : son approche l'anime et lui verse la vie, son éloignement ou sa translation ailleurs entraîne la dissolution des éléments corruptibles. Cependant, la répartition incessante de ses bienfaits est égale pour toute la terre. Chaque contrée en reçoit une portion, de manière que le principe générateur ne fasse jamais défaut, et que l'action constante du dieu maintienne l'équilibre nécessaire à la conservation de ce monde passible. Car l'identité de la substance entraîne nécessairement l'identité de l'action exercée par les dieux et à plus forte raison par le Soleil, qui est le roi de tous les autres, vu que son mouvement, par son extrême simplicité, est incomparablement supérieur à celui des autres astres qui se meuvent dans le sens opposé de l'ensemble. Et ceci même paraît à l'illustre Aristote un indice de la prééminence de ce dieu sur les autres. Il est vrai que les autres dieux intelligents exercent sur ce monde une influence manifeste. Mais quoi ? est-ce que c'est exclure les autres dieux, que d'accorder la prééminence au Roi Soleil ? Nous ne faisons que juger des choses cachées par les phénomènes apparents. Or, comme nous voyons le Soleil recueillir de tous les autres globes les forces qui en découlent sur la terre, les perfectionner et s'en approprier une portion qu'il reverse sur l'univers, il est naturel de croire que, dans ces communications secrètes et réciproques, le Soleil exerce une influence avec laquelle les autres se combinent pour en former un tout.

8. Nous avons dit que le Soleil, être mitoyen, servait de médiateur aux dieux intelligents ; mais quel est ce milieu, par où s'opère sa médiation ? Que le Soleil Roi nous accorde la faveur de l'expliquer ! Nous entendons par milieu, non pas celui que l'on distingue entre deux choses opposées et qui s'éloignent également des deux extrêmes, comme parmi les couleurs le châtain ou le cendré, comme le tiède entre le chaud et le froid, et ainsi du reste, mais l'agent qui rapproche, qui unit les éléments séparés, telle qu'est l'harmonie d'Empédode, qui exclut toute discordance. Or, quelles sont les essences que réunit le Soleil et dont il est le médiateur ? Celles des dieux visibles qui planent sur notre monde, des dieux immatériels et intelligibles qui entourent le bon par excellence. Il multiplie autour d'eux sa substance divine et intelligente, sans en recevoir aucune altération, aucun mélange. Si donc la médiation ne résulte pas de l'influence des extrêmes pour être parfaite et sans mélange, ainsi l'essence intelligente et souverainement belle du Soleil ne résulte pas de son mélange avec les dieux visibles ou invisibles, sensibles ou intelligents, et c'est en cela, selon nous, que consiste sa médiation. Maintenant, s'il faut spécifier en détail quelles sont les formes suivant lesquelles s'opère cette médiation, afin de voir, par la pensée, sur quels premiers et sur

quels derniers objets il agit, quoique l'explication soit difficile, nous essayerons de l'exposer de notre mieux.

9. L'être intelligible qui préexiste à tous les êtres et qui comprend tout en lui seul, est nécessairement un. Pourquoi s'en étonner ? Est-ce que le monde entier n'est pas un être un, formé tout entier d'âme et d'intelligence, et parfait de la perfection de ses parties ? Mais de cette double perfection dans l'unité, je veux dire de cette union qui confond le tout dans un être intelligent, et qui assemble le monde en une seule et même nature parfaite, naît la perfection du Roi Soleil, agissant comme médiateur, laquelle opère l'unité et influe sur les dieux intelligents. Outre cela, il existe dans le monde même des dieux intelligents une tendance collective à produire l'unité dans l'univers. Et comment ? Est-ce que la substance du cinquième corps ne se répand pas évidemment autour du ciel, pour en contenir toutes les parties, et pour empêcher, en se les attachant, celles qui sont d'une nature moins adhérente de se disséminer et de se séparer des autres ? Or, ces deux causes de cohésion, l'une qui réside dans les êtres intelligents et l'autre qui se manifeste dans les êtres visibles, le Roi Soleil les réunit seul ; de sorte que, d'une part, il exerce la force coercitive des êtres intelligents, d'où il tire lui-même son origine, et que, de l'autre, il préside à la seconde force que nous voyons se déployer dans le monde apparent. Pourquoi donc alors la substance, qui apparaît comme la première dans le monde intelligible et comme la dernière dans le monde apparent du ciel, n'admettrait-elle pas, pour médiatrice, la substance du Roi Soleil, qui est cohérente de sa nature, et de laquelle découle sur le monde visible la clarté resplendissante qui rayonne sur l'univers ? Plaçons-nous à un autre point de vue : il n'y a qu'une seule cause efficiente de l'univers et une infinité de divinités agissantes, qui planent dans le ciel ; n'est-il point naturel de penser que l'action du Soleil sert de milieu entre elles et le monde ? En outre, non seulement la force féconde de la vie réside, en toute sa plénitude, dans l'être intelligible, mais le monde visible est également rempli de ce principe vital. Il s'ensuit donc de toute évidence que la puissance vitale du Roi Soleil tient le milieu entre ces deux principes. C'est ce que nous prouvent les phénomènes placés sous nos regards. En effet, le Soleil rend certaines formes parfaites, en produit d'autres, ajoute à d'autres de nouveaux ornements ou en rehausse l'éclat ; il n'en est pas une qui se montre au jour ou qui naisse sans la force opératrice du Soleil. Maintenant, si nous considérons, d'un côté, dans les êtres intelligents, cette substance pure, sans mélange, immatérielle, avec laquelle rien d'accessoire ou d'étranger ne se combine, mais qui est complète de sa propre perfection, et de l'autre, cette nature également simple et pure du corps divin et sans mélange, la-

quelle, bien qu'inhérente à tout corps mci circulairement, est elle-même dégagée de tout élément hétérogène, nous trouverons encore que la substance lumineuse et incorruptible du Roi Soleil sert d'intermédiaire entre la pureté immatérielle des êtres intelligents et la pureté sans mélange, libre de toute génération et de toute corruption, qui se manifeste dans les êtres visibles. La preuve la plus évidente de cette pureté du Soleil est que sa lumière, en se répandant sur la terre, ne s'y mêle à aucune substance et n'y contracte ni tache ni souillure : en tout et partout, elle demeure intacte, pure et inaltérée. Il faut encore faire attention aux formes immatérielles et intelligentes et même aux formes sensibles, qui ont besoin de matière ou de sujet, et nous reconnaîtrons aussi ce milieu intellectuel des formes qui environnent le Roi Soleil et qui prêtent leur secours aux formes environnées de matière, de sorte que ces dernières ne peuvent exister ni se conserver autrement qu'à l'aide des premières, et par conséquent à l'aide de la force que celles-ci tirent du Soleil. En effet, n'est-ce pas lui qui est le principe de la séparation des formes et de la concrétion de la matière ? N'est-ce pas lui qui nous donne la faculté de connaître et celle de voir avec nos yeux ? La diffusion de ses rayons par tout l'univers et leur union en un tout lumineux attestent sa force créatrice et distincte dans ses produits. Cependant, comme beaucoup d'astres bien apparents sont dus à la substance du Soleil servant d'intermédiaire entre les dieux intelligents et ceux qui peuplent le monde, laissons de côté ce dernier degré de son influence visible. Sa première création, dans le dernier des mondes, est celle des anges solaires, dont l'essence est tout idéale, toute concevable. La seconde est la force génératrice des êtres sensibles. La partie la plus noble de cette force contient le germe du ciel et des astres ; la moins élevée préside à la génération, et elle renferme en elle-même la substance génératrice qu'elle tient du principe éternel. Expliquer toutes les autres qualités inhérentes à la substance du Roi Soleil serait impossible, lors même que ce dieu nous en donnerait l'intelligence, car il me paraît impossible de tout embrasser dans son esprit.

10. Afin toutefois de mettre le sceau à ce discours, quelle qu'en soit déjà l'étendue, passons à d'autres développements qui méritent notre attention. Or, quel est ce sceau, ou plutôt quelle notion sommaire donnerai-je sur la substance de ce dieu ? C'est à lui de la suggérer à notre désir de faire comprendre en peu de mots le principe dont il émane, ce qu'il est lui-même, et de quelles richesses il remplit le monde visible. Je dirai donc que d'un seul dieu, qui est le monde intelligent, provient le Roi Soleil, destiné à être le médiateur des êtres intellectuels, médiateurs eux-mêmes, et à les présider, en vertu de sa force mitoyenne, conciliante, amie, et propre à réunir, dans un seul ensemble, les êtres extrêmes,

les derniers et les premiers, parce qu'il offre, dans sa substance, un moyen de perfection, de liaison et de principe vital, et que lui-même est l'auteur, non seulement des biens de toute espèce dont jouit le monde visible, qu'il orne et qu'il éclaire de sa splendeur rayonnante, mais parce qu'il engendre de lui-même la substance des anges solaires, et qu'il renferme la cause incréée des êtres ainsi que la cause éternelle des êtres immortels et le principe inaltérable de la vie. Tout ce qu'il fallait dire à propos de la substance de ce dieu, bien que nous ayons omis plusieurs détails, a été exposé par nous d'une manière assez explicite. Mais la quantité de ses vertus efficaces et la beauté de ses mouvements actifs étant telles qu'elles surpassent toutes les considérations relatives à sa substance, vu qu'il est de l'essence des choses divines que, en se manifestant au dehors, elles multiplient partout les sources fécondes de la vie, comment, je le demande, me hasarder sur une mer sans rivages, quand j'ai peine à respirer à mon aise après le long discours que je viens de tenir ? Osons-le, toutefois, en comptant sur l'appui du dieu, et essayons de reprendre notre discours.

11. Et d'abord, tout ce que nous avons dit précédemment de sa substance s'applique aussi à ses vertus efficaces. Car sa substance n'est pas une chose, sa force une autre et son efficacité une troisième. Tout ce qu'il veut, il l'est, il le peut, il l'effectue ; ne pouvant vouloir ce qui n'est pas, ni manquer de force pour effectuer ce qu'il veut, ni vouloir ce qui lui est impossible. Il n'en est pas ainsi de l'homme, en qui lutte le mélange d'une double nature, unie en un seul être, l'âme et le corps, l'une divine, l'autre obscure et ténébreuse, d'où naît une discordance et un combat. C'est ce qui fait dire à Aristote [20] qu'en nous ni les plaisirs ni les douleurs ne sont en harmonie, parce que les unes ou les autres, dit-il, contrarient nécessairement chez nous l'une des deux natures. Rien de semblable chez les dieux. Les biens sont sans lutte inhérents à leur substance ; jamais ils n'inclinent d'aucun côté. Aussi tout ce que nous avons commencé par reconnaître volontiers dans la substance du Roi Soleil, il faut prendre que nous l'avons dit également pour sa force et son efficacité. Il suit de là que notre raisonnement est réciproque, et que ce que nous avons à examiner touchant sa force et son efficacité, n'a pas seulement trait à ses œuvres, mais à sa substance.

12. Il y a des dieux de même origine et de même nature que le Soleil, dont ils couronnent la substance, et qui, répandus en foule dans l'univers, se confondent dans son unité. Écoutez ce qu'en disent les hommes éclairés, qui ne regardent

---

[20] *Morale à Nicomaque*, liv. VII, chap. 5.

pas le ciel avec les yeux du cheval, du bœuf ou des autres animaux dépourvus de science et de raison, mais qui, par les phénomènes visibles, sont parvenus à reconnaître la nature invisible. Et d'abord, si vous voulez bien, dans l'infinité des forces et des vertus procosmiques[21] du Soleil, considérez-en un petit nombre. La première de ces forces est celle par laquelle, pénétrant intimement la substance intelligente, il en unit les extrémités pour n'en plus former qu'un tout ; et si nous remarquons que, dans le monde sensible, l'air et l'eau servent de moyen entre le feu et la terre, et de lien entre les extrêmes, pourquoi, dans une substance préexistante au corps, séparée d'eux et n'ayant pas eu de commencement, puisqu'elle contient en elle-même le principe de la génération, ne supposerions-nous pas le même ordre, de manière que les principes extrêmes de cette substance, principes distincts et séparés de tous les corps, soient rassemblés à l'aide d'agents intermédiaires par le Roi Soleil et unifiés en lui ? En effet, il est doué de la même force active que Jupiter, et nous en avons donné pour preuve les temples élevés à tous deux en commun dans l'île de Chypre, ainsi que le témoignage d'Apollon, mieux instruit, ce semble, que qui que ce soit sur la nature de son propre être. Car Apollon ne fait qu'un avec le Soleil, et partage avec lui la même simplicité d'intelligence, la même immuabilité de substance et la même énergie. Ainsi, lorsque le dieu ne paraît point séparer du Soleil la force productrice et disséminée de Bacchus, mais que, au contraire, il la place sous l'empire du Soleil et sur le même trône, il nous initie aux plus belles idées que l'on puisse avoir de cette divinité. C'est encore pour cela que cette divinité, considérée comme renfermant en soi les principes du plus bel ensemble intellectuel, s'appelle Soleil, Apollon Musagète[22] ; et parce qu'il met en harmonie toutes les lois de la vitalité, on dit qu'il mit au monde Esculape, qu'il avait en soi avant le monde[23]. Mais quiconque voudrait considérer, dans leurs variétés, les autres puissances du Roi Soleil, il ne pourrait les énumérer toutes. Il suffit donc, je pense, d'avoir examiné avec soin qu'il partage la domination avec Jupiter, tant sur la cause séparatrice qui préexiste aux corps eux-mêmes que sur les causes séparées et antérieures à la manifestation des effets visibles ; d'avoir établi qu'il jouit avec Apollon de la simplicité de l'intelligence et d'une éternelle immuabilité ; avec Bacchus, de la force productrice et disséminée à laquelle ce dieu préside ; d'avoir contemplé dans la puissance du dieu Musagète la grandeur de la plus belle des harmonies et du plus bel ensemble intellectuel ; enfin d'avoir signalé dans Esculape la force

---

[21] Antérieures au monde.
[22] Qui conduit les Muses.
[23] Dans le système de Julien, le monde est éternel. Il veut donc dire ici : avant la manifestation du monde.

qui complète les principes réguliers de la vie. Voilà ce que nous avons pu dire des vertus procosmiques du Soleil, et auxquelles correspondent, dans le même rang, des effets qui se passent hors du monde visible, et qui sont le complément de ses bienfaits.

13.   En effet, ce dieu étant une production immédiate et légitime du bon par excellence, et recevant de lui une portion parfaite de la bonté, la communique d'une manière effective à tous les dieux intelligents et perfectionne ainsi leur substance. Tel est son premier bienfait. Le second est la distribution parfaite de la beauté intelligente dans les formes immatérielles et incorporelles. Et de fait, dès que la substance apparente et procréatrice tend à produire et à manifester quelque chose dans l'ordre de la beauté, il est nécessaire qu'elle soit devancée et mise en œuvre par celle qui remplit la même fonction toujours et de toute éternité dans l'ordre de la beauté intelligible, et cela, non pas pour un instant et jamais dans la suite, non pas en engendrant maintenant et en devenant plus tard stérile ; car tout ce qu'il y a de beau dans les êtres intelligents continue sans cesse d'être beau. Il faut donc convenir qu'à la cause productrice manifestée par les phénomènes préexiste un produit incréé dans l'ordre de la beauté idéale et éternelle, produit qui réside dans le Roi Soleil, dont il émane, et auquel celui-ci répartit l'intelligence parfaite de la même manière qu'il communique, par la lumière, la faculté de voir dont jouissent les yeux. Ainsi, c'est par ce modèle intelligent, plus encore que par l'éclat de la lumière éthérée, qu'il procure aux êtres intelligents le don de percevoir et d'être perçus. À ces vertus du Soleil, roi de l'univers, vient s'ajouter la plus admirable de toutes, je veux dire celle de communiquer une existence supérieure aux anges, aux génies, aux héros et aux âmes isolées, qui résident dans la substance rationnelle des prototypes et des idées et qui ne se mêlent jamais à des corps. Par cette énumération nous avons loué rapidement, mais suivant la mesure de nos forces, l'existence procosmique du Roi Soleil, sa puissance et ses œuvres. Mais, comme les yeux, dit-on, sont plus fidèles que les oreilles, bien qu'ils soient plus infidèles et plus faibles que l'intelligence, essayons, si ce dieu nous le permet, de parler, même faiblement, de sa force apparente.

14.   Le monde visible a été fixé de toute éternité autour du Soleil, dont le trône éternel est la lumière péricosmique, non pas pour un instant et jamais ensuite, ni tantôt suivant un mode et tantôt suivant un autre, mais sans aucun changement. Or, quand même on voudrait, par une abstraction de la pensée, borner au temps cette nature éternelle du Soleil, roi de tous les êtres, on recon-

naîtrait aisément que, en rayonnant sur l'univers, il est l'auteur des biens éternellement répandus sur le monde. Je sais bien que le grand Platon, et, après lui, un penseur qui lui est inférieur dans l'ordre des temps et non du génie, je veux parler de Jamblique de Chalcis, qui nous a initiés aux diverses études de la philosophie et notamment à ces sortes de matières, je sais, dis-je, que tous deux se sont servis, par hypothèse, du mot engendré, et ont supposé une génération, pour ainsi dire, chronologique, afin de mieux faire comprendre l'étendue des biens émanés du Soleil. Pour moi, qui suis si loin d'avoir la force de leur génie, je n'ose risquer pareille assertion, vu qu'il ne me paraît pas sans danger d'admettre pour le monde, même par hypothèse, une génération chronologique, comme l'illustre Jamblique en a exprimé l'idée. J'estime, au contraire, que le dieu Soleil, provenant de la cause éternelle, a produit toutes choses de toute éternité, en rendant visibles les êtres; invisibles par un effet de sa volonté divine et de sa vitesse ineffable, et que, procréant simultanément tous les êtres dans le temps présent, par son infatigable vertu, il s'est réservé le milieu du ciel, comme sa demeure propre, afin de distribuer également tous les biens aux dieux nés de lui ou en même temps que lui, et pour présider aux sept sphères, à la huitième orbite du ciel et à la neuvième dans laquelle roule le cercle éternel de la génération et de la dissolution[24]. Quant aux planètes, on voit qu'elles forment un chœur autour de lui et qu'elles règlent leurs évolutions de manière à concorder avec sa marche; et le ciel entier, en harmonie avec lui dans toutes ses parties, est plein de dieux émanés du Soleil. Ce dieu, en effet, préside à cinq cercles du ciel[25] : en parcourant trois d'entre eux, il engendre les trois Grâces; les autres sont les plateaux de la grande Nécessité[26]. Peut-être avancé-je des idées inintelligibles pour les Grecs, comme s'il ne fallait dire que des choses vulgaires et connues. Cependant, le fait n'est pas si étrange qu'on le supposerait d'abord. Qu'est-ce, en effet, pour nous que les Dioscures[27],

---

[24] Voyez sur ce passage Cicéron, *De la nature des dieux*, II, 51. et suivants; *Tuscul.*, I, 68; *Songe de Scipion*, avec le commentaire de Macrobe. — Pour les neuf sphères, voyez spécialement Macrobe, *Comment.*, I, III.

[25] Ceux probablement où, suivant les anciens, se mouvaient Saturne, Jupiter, Mars, Mercure et Vénus.

[26] Voici comment je comprends ce passage, éclairci par quelques explications données par Julien lui-même. En parcourant les cercles où se meuvent Mars, Mercure et Vénus, le Soleil produit les trois Grâces, et il fait de Saturne et de Jupiter les plateaux de la balance du Destin. Il y a là un mélange d'astronomie, de théogonie et de philosophie qui plaisait beaucoup aux disciples de Pythagore et de Platon, et dont l'esprit aventureux de Dupuis a renouvelé, dans son *Origine des cultes*, les subtilités paradoxales.

[27] Fils de Jupiter, Castor et Pollux, et astronomiquement constellation des Gémeaux, D. Pollux, qui était immortel, voyant Castor près de mourir, pria Jupiter de lui accorder de mourir avec son frère chéri. Jupiter alors lui laissa le choix ou de venir habiter l'Olympe ou de partager

ô mes sages, qui croyez à tant de choses sans examen? Ne les appelle-t-on pas hétérémères[28], parce qu'il ne leur est pas permis d'être vus le même jour? Vous comprenez, dites-vous, le jour actuel et celui d'hier. Eh bien, ce qu'on entend de ces Dioscures, appliquons-le à un être, à un fait déterminé, afin de ne rien dire d'étrange et d'inintelligible; mais une exacte recherche ne nous le fait pas sur-le-champ trouver. En effet, la supposition admise par quelques théologiens qu'il s'agit ici des deux hémisphères du monde, est dénuée de raison, vu qu'il n'est pas facile de comprendre pourquoi chacun d'eux recevrait le nom d'hétérémère, puisque chaque jour les hémisphères qu'ils représentent reçoivent l'un et l'autre un accroissement progressif et insensible de clarté. Voyons donc à en essayer une explication nouvelle que voici. On peut dire avec raison que ceux-là seuls jouissent d'un même jour pour lesquels la marche du Soleil au-dessus de la terre dure le même temps et s'opère dans un seul et même mois. Qu'on examine donc si l'alternation des jours ne s'adapte pas mieux à la différence qu'offrent les cercles tropiques avec les autres cercles; car ceux-ci sont constamment visibles pour les peuples des pays où l'ombre se projette des deux côtés opposés, tandis que ceux qui voient l'un des deux autres cercles[29], ne peuvent apercevoir l'autre. Mais afin de ne pas insister trop longtemps sur ce point, disons que le Soleil, par ses conversions solsticiales, est le père des saisons, et que, n'abandonnant jamais les pôles, il s'identifie avec l'Océan et devient le principe d'une double substance. Tenons-nous ainsi un langage obscur? Homère n'a-t-il pas dit avant nous[30]:

> L'Océan dont le monde a reçu la naissance,

c'est-à-dire les mortels et les dieux qu'il qualifie de bienheureux? Et c'est vrai. De tous les êtres, en effet, il n'en est pas qui ne soit un produit de l'Océan. En quoi ce fait intéresse-t-il les hommes, voulez-vous le savoir? Mieux vaut garder le silence: je parlerai cependant et je le dirai, dussé-je ne pas être bienvenu de tous.

15. Le disque solaire, en parcourant la région sans astres, s'élève beaucoup au-dessus de celle des étoiles fixes, en sorte qu'il n'est plus au milieu des planètes, mais seulement au milieu des trois mondes d'après les hypothèses mystiques, si l'on peut appeler ces notions des hypothèses; mieux vaudrait dire des dogmes

---

le sort de son frère, et de passer alternativement avec lui un jour dans le ciel et l'autre sur la terre.
[28] C'est-à-dire alternant les jours: vivant de deux jours l'un.
[29] Les cercles polaires.
[30] *Iliade*, XIV, 246.

et donner le nom d'hypothèses à la théorie des corps sphériques : car les dogmes sont attestés par ceux qui ont entendu la voix même des dieux ou des grands démons, et les hypothèses ne sont que des probabilités en harmonie avec les phénomènes. On peut donc approuver les uns, mais quant à croire aux autres, si on le juge à propos, c'est une opinion que je respecte et que j'admire avec plus ou moins de sérieux. Mais c'en est assez, comme on dit, sur ce sujet. Outre les dieux, dont nous avons parlé, un grand nombre de dieux célestes ont été signalés par ceux qui ne regardent pas le ciel machinalement et comme les brutes. Or, le Soleil, après avoir partagé les trois mondes en quatre parties, proportionnellement aux rapports du cercle zodiacal avec chacun d'eux, divise ensuite ce cercle par puissances de douze dieux[31], auxquels il affecte trois puissances de ce genre, ce qui en porte le nombre à trente-six[32]. De là, je pense, le triple don des Grâces nous est venu du ciel, c'est-à-dire des cercles que le dieu a divisés en quatre parties, d'où il nous envoie la ravissante alternative des saisons. Et voilà pourquoi, sur la terre, les Grâces imitent le cercle dans leurs statues[33]. On dit aussi que Bacchus, dispensateur des grâces[34], partage la royauté avec le Soleil. Est-il besoin que je te[35] rappelle Horus[36] et les noms des autres dieux qui conviennent tous au Soleil ? Car les hommes ont appris à connaître ce dieu par les effets qu'il produit en remplissant le ciel de biens intellectuels, en le faisant participer à la beauté de l'être intelligent, et en partant de ce point pour lui verser ses bienfaits, en tout ou en partie, par l'entremise des hommes vertueux[37]… Car ils veillent sur tous les mouvements qui s'opèrent, jusqu'aux dernières limites du monde, sur la nature, sur l'âme. Réunissant en un seul corps et sous un seul chef cette phalange innombrable de dieux, il l'a placée sous les ordres de Minerve Pronoée[38], que la Fable nous dit issue du cerveau de Jupiter, mais que nous croyons née tout entière du Roi Soleil tout entier, qui la tenait enfermée et en cela nous différons du mythe qui nous la donne comme issue de l'une des extrémités, tandis que c'est

---

[31] Voyez Macrobe, *Comment.*, I, 21.
[32] Voyez Apulée, *Du monde*, § 3 ; *De la doctrine de Platon*, liv. I, et *Florides*, X. — Cf. *Contre les chiens ignorants*, 11.
[33] Voyez la page charmante de Sénèque sur les Grâces, *De benef.*, I, 3 ; et Cf. le délicieux groupe de Raphaël.
[34] Surnom de Bacchus, signifie également dispensateur des grâces ou *de la joie*. Cf. Virgile, *Énéide*, I, v. 636, et les notes des commentateurs.
[35] L'auteur s'adresse à Salluste.
[36] Voyez Plutarque, *Isis et Osiris*, XII.
[37] Il y a une lacune dans le texte de ce passage. Probablement que, après les hommes vertueux, il était question de ces démons ou génies répandus dans l'espace dont parlent Hésiode, *Trav. et jours*, v. 231, et Plaute, prologue un *Rudens*.
[38] C'est-à-dire *Providence*. Voyez Pausanias, *Phociques*, ou liv. X, VIII, 6.

du tout qu'elle provient tout entière. Pour le reste, nous admettons avec la vieille tradition que Jupiter ne diffère en rien du Roi Soleil. Quant à ce que nous disons de Minerve Pronoée, ce n'est point une nouveauté, s'il faut en croire ces vers :

> Il arrive à Pytho, vers l'enceinte sacrée
> De Pallas aux yeux gris, Minerve Pronoée.

Ainsi, les anciens faisaient asseoir Minerve Pronoée sur le même trône qu'Apollon, qu'ils confondaient avec le Soleil. À son tour, Homère, saisi d'un transport divin, car on sent bien qu'il est inspiré par les dieux et que souvent sa poésie est un oracle, Homère dit[39] :

> Je veux le même honneur qu'Apollon et Minerve.

Et la déesse l'attend de Jupiter, qui est le même que le Soleil. De même donc que le roi Apollon, par la simplicité de la pensée, communique avec le Soleil, de même il faut croire que Minerve, qui tient de celui-ci sa propre substance, et qui est, par conséquent son intelligence parfaite, rapproche, sans confusion, et réunit tous les dieux autour du Soleil, roi de tous les astres ; et que, partant de la voûte extrême du ciel, dont elle parcourt les sept orbites jusqu'à la Lune, elle y répand le principe vital pur et sans mélange. La même déesse remplit encore de son intelligence la Lune, qui est le dernier des corps sphériques ; et la Lune, à son tour, surveillant les intelligences supracélestes, et donnant des formes à la matière placée au-dessous d'elle, en élimine tout ce qu'elle a de sauvage, de turbulent et de désordonné. Minerve distribue aux hommes, entre autres biens, la sagesse, l'intelligence et le génie des arts mécaniques : elle habite les acropoles, et c'est sur la sagesse qu'elle fonde dans les cités la société politique.

16. Disons quelque chose de Vénus, que les savants de la Phénicie prétendent associer aux fonctions de la déesse[40], ce que je pense pour ma part. Vénus est, en effet, un mélange des dieux célestes, un lien d'harmonie et d'unité qui les rassemble. Voisine du Soleil, qu'elle suit dans sa course et dont elle s'approche, elle remplit le ciel d'une heureuse température, communique à la terre sa fécondité et pourvoit à la génération des animaux, dont le Roi Soleil est la cause première. Vénus, qui lui sert d'auxiliaire, charme nos âmes par la volupté et envoie

---

[39] *Odyssée*, XIII, 827. C'est Junon qui parle.
[40] De Minerve. — Cf. Lucien, *De la déesse syrienne*.

sur la terre à travers les airs ces feux délicieux et purs, dont l'éclat surpasse celui de l'or. Je veux encore user ici, mais sobrement, de la théologie phénicienne, et si c'est en vain, la suite de mon discours le prouvera. Les habitants d'Édesse[41], lieu de tout temps consacré au Soleil, donnent à ce dieu pour assesseurs Monime et Aziz[42], selon Jamblique, à qui nous aimons à emprunter beaucoup de détails entre mille autres. Or, Monime c'est Mercure, et Aziz c'est Mars, assesseurs du Soleil, et qui répandent de nombreux bienfaits dans la région qui entoure la terre.

17. Telles sont les influences actives du dieu dans le ciel, perfectionnées par les agents que nous avons dits et portées jusqu'aux extrémités de la terre. Quant aux effets qu'il produit dans la région sublunaire, il serait trop long d'en faire l'énumération ; il convient pourtant d'en citer sommairement quelques-uns. Je sais bien que j'en ai déjà parlé, quand j'ai essayé d'apprécier les qualités occultes de la substance du dieu par ses phénomènes sensibles ; mais la suite de mon discours exige que je m'y reporte de nouveau. Comme nous avons montré que le Soleil commande à tous les êtres intelligents, qu'il réunit en un seul groupe autour de sa substance indivisible une infinité de dieux, qu'il agit en qualité de chef et de souverain sur les globes visibles, dont les révolutions, éternellement circulaires, observent une si heureuse régularité, qu'il remplit le ciel tout entier non seulement d'un éclat splendide, mais encore de mille autres biens que l'on ne voit pas, qu'il perfectionne les biens émanés de lui à l'aide de dieux visibles, qui lui servent d'agents et qui tiennent leur perfection de son énergie ineffable et divine, ainsi devons nous penser qu'il y a près du lieu propre à la génération certains dieux commis à cet effet par le Roi Soleil, lesquels, gouvernant la quadruple nature des éléments et les âmes à qui ces éléments s'agrègent, habitent parmi les trois genres d'êtres supérieurs[43]. Et les âmes individuelles, que de biens il leur procure, leur faisant discerner les objets, les redressant par le sentiment de la justice, les purifiant de sa clarté ! N'est-ce pas lui également qui meut et vivifie toute la nature, en lui versant d'en haut le principe qui féconde ? C'est encore lui qui est pour chaque être individuel la véritable cause de sa tendance à une destination finale. Car, comme le dit Aristote, l'homme est engendré par l'homme et par le Soleil[44]. D'où il suit que l'on peut attribuer au Roi Soleil tous les autres

---

[41] Une variante porte Émèse : il vaut mieux lire Édesse, comme nous l'indiquons en note dans Lucien, à l'endroit cité note précédente.
[42] *Monime* signifie « qui demeure fidèle », et *Aziz* « igné ».
[43] Les dieux, les hommes, les animaux.
[44] Voyez plus haut, § 2.

produits des natures individuelles. Quoi donc ? ne voyons-nous pas que, pour produire les pluies, les vents et les autres phénomènes météorologiques, ce dieu met en œuvre une double exhalation ? Car, en échauffant la terre, il attire les vapeurs et la fumée, et il n'agit pas seulement ainsi dans les hautes régions de l'air, mais il produit tous les changements, grands ou petits, qui ont lieu sous la terre.

18. Pourquoi donc m'étendre davantage sur ce sujet, quand je puis désormais arriver au but, en célébrant les bienfaits que le Soleil répand sur les hommes ? Nés de lui, c'est de lui que nous recevons la nourriture. Et quant à ces qualités plus divines qu'il accorde aux âmes, soit en les dégageant du corps, pour les rapprocher des essences qui participent de la nature divine, soit en faisant de la partie la plus subtile et la plus active de sa divine clarté une sorte de char, qui les porte sans obstacle vers une génération nouvelle, que d'autres les célèbrent dignement : je tiens moins à les démontrer qu'à y croire. Mais ce qui est connu de tous, je n'hésite point à le décrire. Le ciel, dit Platon, est le maître de la science, parce qu'il nous a révélé la nature des nombres[45], car les différences qu'ils ont entre eux, ce sont les périodes du Soleil qui nous les ont fait découvrir. Platon fait la même réflexion sur le jour, sur la nuit et sur la lumière de la Lune, déesse qui emprunte son éclat au Soleil ; données qui nous ont conduits à des résultats plus étendus fondés sur la vue de toutes les parties concordant avec ce dieu. Ailleurs, Platon dit encore que les dieux, prenant en pitié les maux inhérents à notre nature, nous ont donné Bacchus et le chœur des Muses. Or, le Soleil nous apparaît comme leur chef commun, puisqu'on célèbre en lui le père de Bacchus et le chef des Muses. Apollon qui partage avec lui la royauté, n'a-t-il pas établi ses oracles par toute la terre ? N'a-t-il pas inspiré aux hommes une sagesse divine et paré les cités de lois sacrées et civiles ? C'est lui qui, par les colonies grecques, a civilisé la plus grande partie de l'univers et en a préparé la soumission plus facile aux Romains. Car, non seulement les Romains sont de race hellénique, mais leurs rites sacrés, leur confiance dans les dieux, ils les ont empruntés aux Grecs dès l'origine et conservés jusqu'à la fin. Bien plus, ils ont établi, dans leur empire, une forme politique qui ne le cède en rien au gouvernement des autres villes et qui surpasse même toutes celles que jamais peuple se soit données. À ce titre je regarde notre capitale[46] comme essentiellement grecque et par son origine et par sa constitution. Que te dirai je encore du Roi Soleil ? N'a-t-il pas pourvu à la santé et à la

---

[45] Voir le *Parménide*, spécialement chap. VII.
[46] Rome.

conservation de tous les êtres en donnant le jour à Esculape le sauveur de tous les mortels ? Il nous accorde toute espèce de vertu, en nous envoyant Vénus avec Minerve, et en mettant sous leur sauvegarde la loi qui veut que l'union des deux sexes n'ait d'autre but que la procréation d'un être semblable. Voilà pourquoi, suivant les périodes solaires, tous les végétaux et tous les animaux tendent à la reproduction d'un être qui leur ressemble. Exalterai-je ses rayons et sa lumière ? À la terreur que cause une nuit sans lune et sans astres, nous pouvons juger quel bien nous avons dans la lumière du Soleil. Et, quoiqu'il la verse sans cesse, et sans que la nuit l'intercepte, dans les régions supérieures à la Lune, il nous ménage ici-bas, par la nuit, le repos de nos fatigues. Mon discours ne finirait point, si je voulais en épuiser le sujet. Car il n'est aucun bien dans la vie que nous ne tenions parfait de ce dieu ou qu'il ne perfectionne, s'il nous vient des autres dieux.

19.   Je vois encore dans le Soleil le fondateur de notre cité. Dans la citadelle de Rome, en effet, habitent, avec Minerve et Vénus, non seulement Jupiter, le glorieux père de tous les dieux, mais encore Apollon sur la colline du Palatin[47]. Or, le Soleil ne fait qu'un, on le sait, avec toutes ces divinités. Pour prouver, du reste, que nous nous rattachons au Soleil, nous tous descendants de Romulus et d'Énée, voici, entre mille autres, quelques faits sommaires bien connus. Énée, dit-on naquit de Vénus, parente et auxiliaire du Soleil. Quant au fondateur même de la ville, la renommée le dit fils de Mars, et elle s'appuie, pour croire à ce fait extraordinaire, sur les prodiges qui suivirent. On raconte, en effet, qu'il fut allaité par une louve. Ici, je ne répéterai pas ce que je sais et que j'ai déjà dit plus haut, à savoir que Mars, appelé Aziz par les Syriens, habitants d'Edesse, ouvre le cortège du Soleil. Mais pourquoi le loup est-il consacré à Mars plutôt qu'au Soleil, puisqu'on donne à sa révolution annuelle le nom de Lycabas[48], employé non seulement par Homère et par les Grecs les plus célèbres, mais par le dieu lui-même ? Il dit, en effet :

---

[47] Voyez sur ces points de mythologie romaine Ch. Dezobry, *Rome au siècle d'Auguste*, lettres XXV, LIII et LVII.
[48] Homère emploie ce mot, pour signifier l'année, dans l'*Odyssée*, XIV, 161, et XIX, 360.   La racine probable est *lukè*, lumière, et *baïnô*, marcher, littéralement *marche de la lumière, cours du soleil*, et non pas *lukos*, loup, *baïnô*, marcher, littéralement *marche des loups*. Julien paraît avoir admis de préférence l'explication singulière d'Eustathe. Ce commentateur d'Homère, d'après cette dernière étymologie, prétend que les jours se succèdent comme des loups, qui, lorsqu'ils veulent passer une rivière, se tiennent à la file la queue avec les dents, il se peut toutefois que les Grecs se soient plu à faire une confusion entre *lukè* et *lukos*. C'est ainsi que le mot grec *lukogês*, crépuscule du soir, désigne l'instant de la journée que l'on nomme en français « entre chien et loup ».

> Comme un fier danseur qui bondit et s'élance,
> Lycabas a franchi la route aux douze mois.

Veux-tu que je te donne un argument plus décisif, pour prouver que le fondateur de notre ville ne provient pas de Mars tout seul, et que, si peut-être un génie martial et vigoureux vint contribuer à la formation du corps de Romulus en ayant commerce, dit-on, avec Silvia qui portait l'eau lustrale à la déesse[49], l'âme, c'est-à-dire tout l'être du divin Quirinus, est descendue du Soleil? Croyons-en, à cet égard, la tradition. Une conjonction complète du Soleil et de la Lune, qui se partagent l'empire visible, fit descendre cette âme sur la terre, et une autre conjonction la fit remonter au ciel, après avoir anéanti par le feu de la foudre l'enveloppe mortelle du corps[50]. Ainsi l'active déesse qui, sous les ordres du Soleil, gouverne les choses terrestres, reçut Quirinus envoyé sur la terre par Minerve Pronoée, et le reprit à son départ de la terre, pour le ramener au Soleil, roi de tous les êtres. Désires-tu que je te cite, comme une nouvelle preuve de ce que j'avance, l'institution du roi Numa? Par ses ordres, des vierges sacrées sont préposées chez nous, pour chaque saison, à la garde de la flamme inextinguible du Soleil et remplissent la fonction que la Lune exerce autour de la terre, celle de conserver le feu sacré du dieu[51]. Une preuve encore plus importante en faveur du dieu, c'est une autre institution de ce divin roi[52]. Tandis que tous les autres peuples, à peu près, comptent les mois d'après la Lune, nous seuls, avec les Égyptiens, mesurons les jours de chaque année sur les mouvements du Soleil. J'ajouterai à ceci que nous rendons un culte particulier à Mithra[53] et que nous célébrons tous les quatre ans des jeux en l'honneur du Soleil; mais ce serait parler de faits trop récents[54], et mieux vaut peut-être s'appuyer sur des usages plus anciens.

20. En effet, lorsque les peuples fixent, chacun à sa manière, le commence-

---

[49] Voyez Denys d'Halicarnasse, *Antiq. rom.*, I, 77. —Cette déesse était Vesta.
[50] Denys d'Halicarnasse, *Antiq. rom.*, I, 77, et II, 36, mentionne cette éclipse arrivée à la naissance et à la mort de Romulus; Plutarque, *Romulus*, 12, parle également d'une éclipse arrivée à la naissance de Romulus, mais il n'atteste point ce fait astronomique, dont les calculs modernes ont démontré la fausseté, et il n'affirme pas davantage (chap. 27) que les ténèbres survenues à la mort de Romulus fussent le résultat d'une éclipse de soleil.
[51] Cf. Plutarque, *Numa*, 9 et 11.
[52] *Id., ibid.*, 18.
[53] Ce passage, ou le nom de Mithra est employé comme synonyme du Soleil, indique la fusion de la mythologie orientale et de la mythologie Grecque.
[54] Ces fêtes furent instituées par l'empereur Aurélien.

ment du cercle annuel des jours, les uns à partir de l'équinoxe du printemps, les autres au milieu de l'été, et la plupart des autres vers la fin de l'automne, ils célèbrent tous les bienfaits évidents du Soleil. L'un le remercie de la saison propice au labour, où la terre fleurit et s'épanouit, où tous les fruits se mettent à germer, où les mers s'ouvrent à la navigation, où la tristesse et la rigueur de l'hiver font place à la sérénité. Les autres honorent le temps de l'été, parce que l'on est rassuré désormais sur la venue des récoltes, que les grains sont déjà réunis, que la cueillette est mûre et que les fruits, venus à point, pendent aux arbres. D'autres, plus ingénieux, voient la fin de l'année dans la maturité pleine et même avancée de tous les fruits, et c'est quand l'automne expire qu'ils célèbrent le renouvellement de l'année. Mais nos ancêtres, depuis le divin roi Numa, ont avant tout honoré le Soleil, et ne se sont point préoccupés de l'utilité. Leur nature divine, je pense, et leur intelligence profonde leur ont fait voir en lui la cause de tant de biens, et ils ont décidé de faire concorder le commencement de l'année avec la saison où le Roi Soleil quitte les extrémités méridionales pour revenir vers nous, et que, bornant sa course au Capricorne, comme à sa dernière limite, il s'avance de Notus vers Borée pour nous faire part de ses bienfaits annuels. Or, que telle ait été l'intention de nos aïeux, en fixant ainsi le renouvellement de l'année, c'est ce dont il est facile de se convaincre. En effet, ils n'ont point placé cette fête au jour précis où le Soleil revient, visiblement pour tous, du midi vers les Ourses. Ils ne connaissaient pas encore ces règles délicates, trouvées par les Chaldéens et les Égyptiens et perfectionnées par Hipparque et par Ptolémée ; mais, jugeant d'après leurs sens, ils se sont attachés aux phénomènes. Seulement, comme je l'ai dit, des observations plus récentes ont confirmé la vérité des faits. Désormais, avant le renouvellement de l'année, et immédiatement après le dernier mois consacré à Saturne, nous solennisons par des jeux magnifiques consacrés au Soleil, la fête du Soleil Invincible[55]. Ces jeux achevés, il n'est plus permis de célébrer les spectacles tristes, mais nécessaires, qu'offre le dernier mois. Mais aussitôt après les Saturnales[56] viennent les fêtes anniversaires du Soleil.

21. Veuillent les immortels, rois du ciel, m'accorder de les célébrer plusieurs fois ! Je le demande surtout au Soleil, roi de tous les êtres, qui, engendré de toute éternité autour de la substance féconde du bon, et tenant le milieu entre les dieux intermédiaires intelligents, les unit à lui et les remplit tous également

---

[55] Spanheim dit que cette inscription se retrouve sur des médailles romaine du temps de Constantin.
[56] Sur les Saturnales, voyez Dezobry, *Rome au siècle d'Auguste*, lettre LXXI.

d'une beauté infinie, d'une surabondance génératrice, d'une intelligence parfaite, c'est-à-dire de tous les biens ensemble. De tout temps et maintenant encore, son trône rayonnant au milieu du ciel, en éclaire la région visible qu'il occupe éternellement ; et c'est de là qu'il répand sa beauté sur tout l'univers et qu'il peuple le ciel entier d'autant de dieux que sa substance, éminemment intelligente, lui permet d'en concevoir, pour les tenir étroitement et individuellement unis à lui. Toutefois, il n'est pas moins libéral envers la région sublunaire, où il verse une éternelle fécondité, ainsi que tous les biens qui peuvent jaillir d'un corps sphérique. C'est encore lui qui prend soin de tout le genre humain et spécialement de notre ville, de même qu'il a créé notre âme de toute éternité et qu'il se l'est adjointe pour compagne. Puisse-t-il donc m'accorder les faveurs que je lui demandais tout à l'heure ! Puisse sa bienveillance assurer à notre cité commune l'éternité dont elle est susceptible ! Puissions-nous, sous sa sauvegarde, prospérer dans les choses divines et humaines, tant qu'il nous sera donné de vivre ! Puissions-nous enfin vivre et gouverner, aussi longtemps qu'il plaira au dieu et qu'il y aura plus d'avantage et pour nous-même et pour les intérêts communs des Romains !

22. Voilà, mon cher Salluste, ce que j'ai pu ébaucher en trois nuits sur la triple puissance du dieu, en faisant appel à ma mémoire, et je me suis risqué à te l'écrire, à toi qui n'a point trouvé par trop mauvais ce que je t'avais écrit naguère sur les Saturnales[57]. Si tu veux consulter sur ces matières des écrits plus complets et plus mystiques, prends les écrits du divin Jamblique et tu y trouveras le comble de la sagesse humaine. Que le Grand Soleil m'accorde la faveur de pénétrer à fond toute sa valeur, de la faire connaître en général aux autres hommes et en particulier à ceux qui en sont dignes. En attendant qu'il exauce mes prières, honorons en commun Jamblique, l'ami du dieu, chez qui j'ai puisé, entre mille richesses, le peu de détails qui se sont offerts à mon esprit dans ce traité. Je sais que personne ne peut rien dire de plus complet que lui, lors même qu'on se donnerait une grande peine pour inventer quelque chose de nouveau. On ne pourrait que s'écarter ainsi de la vraie notion qu'on doit avoir du dieu. Mon travail serait donc inutile sans doute, si je n'avais voulu qu'instruire les autres après Jamblique. Mais dans l'intention que j'avais d'écrire un hymne de reconnaissance en l'honneur du dieu, j'ai cru devoir traiter, selon mes forces, de sa divine substance, et mes efforts, je crois, ne seront point perdus. Le précepte :

---

[57] Ouvrage perdu.

Fais, selon ton pouvoir, ton sacrifice aux dieux[58],

ne s'applique pas seulement aux cérémonies sacrées, mais aux louanges que l'on adresse aux immortels. Je supplie donc, pour la troisième fois, le Soleil, roi de tous les êtres, de répondre à mon dévouement par sa bienveillance, de m'accorder une vie heureuse, une prudence consommée, une intelligence divine, la fin la plus douce, quand l'heure fatale sera venue, puis, après cette vie, un essor facile auprès de lui, et, s'il se peut un séjour éternel dans son sein, ou, si c'est trop pour les mérites de ma vie, de longues suites d'années enchaînées dans leurs cours.

---

[58] Hésiode, *Trav. et jours*, 334.

SUR LA MÈRE DES DIEUX[59]

Sommaire

Idées générales sur Attis, sur la Mère des dieux et sur la purification. — Introduction du culte de Cybèle à Rome. — Prodiges qui signalent son arrivée. — Détails sur Attis. — C'est l'essence même de l'intelligence, qui vivifie tous les éléments et qui contient tous les principes et toutes les causes. — Développement de ces idées, et explication de la légende d'Attis. — Attis et Gallus ne sont qu'une seule et même personne. — Comment il faut considérer la Mère des dieux. — Nouveaux détails sur Attis, sur son commerce avec la nymphe et sur sa mutilation. — Explication de ces divers symboles. — Pourquoi les fêtes d'Attis sont fixées à l'époque du Printemps. — Distinction importante entre les Grands et les Petits Mystères. — Des abstinences et des purifications qui ont lieu aux fêtes d'Attis. — Prière à la Mère des dieux.

1. Faut-il parler de ces matières ? Écrirons-nous sur des sujets mystérieux, et révélerons-nous des secrets fermés à tous et ineffables ? Qu'est-ce qu'Attis ou Gallus ? Qu'est-ce que la Mère des dieux ? Quel est ce rite de purification religieuse et pourquoi nous fut-il enseigné dès l'origine[60], après avoir été propagé par les plus anciens habitants de la Phrygie et accueilli d'abord chez les Grecs, non pas les premiers venus, mais chez les Athéniens, instruits par l'expérience du tort qu'ils avaient eu de tourner en ridicule celui qui célébrait les Orgies de la Mère des dieux[61] ? On rapporte, en effet, que les Athéniens insultèrent et

---

[59] Écrit en une seule nuit, à Pessinonte, en juillet 362. Julien traversait la Phrygie pour se rendre en Perse. Il rétablit le culte de la Mère des dieux, depuis longtemps célébré à Pessinonte, et il nomma Callixena pour exercer les fonctions de prêtresse. — Cf. Lettre XXI. — Pour l'intelligence de ce discours, il faut lire les articles Atys, Cybèle et Rhée, dans le *Dict. Mythol.*, de Jacobi. On fera bien de recourir aussi à Arnobe, *Contre les gentils*, liv. V ; à Macrobe, *Saturnales*, I, chap. xxi ; à Lucien, *Dialogues des dieux*, XII ; *Sur les sacrifices*, 7 ; *Icaroménippe*, 27 ; *Sur la déesse syrienne*, 15. Quant à ce qui regarde Gallus, voyez Lucien, *le Songe ou le Coq*, 3.
[60] Le culte de Cybèle ou de la Bonne Déesse fut importé de Phrygie à Rome l'an de Rome 547, 205 avant J.-C. Voyez les détails dans Tite-Live, XXIX, chap. xi et xiv ; Ovide, Fastes, IV, v. 179 et suiv., et Cf. Dezobry, Rome au siècle d'Auguste, lettre CXV.
[61] « Servius nous apprend que le mot *orgies* signifiait chez les Grecs fêtes *solennités, cérémonies sacrées*. On voit par le texte de Julien que les Orgies étaient des fêtes en l'honneur de la Mère des dieux. Cependant, on donna dans la suite exclusivement le nom d'orgies aux fêtes en

chassèrent Gallus, comme une innovation superstitieuse, ne sachant pas que la déesse, qu'il leur apportait, était la même qu'ils honoraient sous les noms de Déo, de Rhéa et de Déméter[62]. De là vint l'indignation de la déesse et les sacrifices destinés à apaiser sa colère. En effet, l'oracle qui sert de guide aux Grecs dans leurs graves entreprises, la prêtresse du dieu pythien ordonna d'apaiser le courroux de la Mère des dieux ; et c'est alors qu'on bâtit le Métroüm[63], où les Athéniens gardaient la copie de tous les actes publics[64]. Après les Grecs, les Romains adoptèrent le même culte, également sur l'invitation du dieu pythien, qui leur conseilla de faire venir la déesse de Phrygie, comme une alliée dans la guerre contre les Carthaginois. Rien ne m'empêche d'exposer ici sommairement cette histoire. L'oracle entendu, les citoyens de la pieuse Rome envoient une députation solennelle pour demander aux rois de Pergame, alors maîtres de la Phrygie, et aux Phrygiens eux-mêmes, la statue sacro-sainte de la déesse. Quand ils l'ont reçue, ils déposent ce précieux fardeau sur un large vaisseau de transport, capable de traverser sûrement tant de mers. La déesse franchit ainsi la mer Égée et la mer Ionienne, longe les côtes de la Sicile, entre dans la mer Tyrrhénienne et vient mouiller aux bouches du Tibre. Le peuple sort de la ville avec le Sénat pour se porter à sa rencontre, précédé du cortège entier des prêtres et des prêtresses, tous en habits de cérémonie et en costume national, jetant les yeux sur le navire qu'amène un vent favorable et dont la carène sillonne les flots ; puis, à son entrée dans le port, chacun se prosterne sur le pont du rivage, d'où l'on peut l'apercevoir. Mais elle, comme pour montrer au peuple romain qu'on n'a point amené de la Phrygie une simple statue, et que la pierre qu'ils ont reçue des Phrygiens

---

l'honneur de Bacchus, fêtes où figuraient, selon Hérodote, des femmes portant des phallus ou symbole de la génération. Les têtes de Bacchus et de Cybèle avaient donc à peu près le même objet. Aussi Julien, dans son discours, nomme-t-il souvent Cybèle la grande cause procréatrice ou génératrice. Ce que Julien l'apporte ici des Athéniens, qui avaient refusé d'abord de recevoir le culte de la Mère des dieux, Pausanias, dans les *Attiques* (c'est-à-dire liv. I, chap. II), le rapporte également du culte de Bacchus, institué par les Phéniciens et porté aux Thébains par Orphée, poète et musicien, qui fut, dit-on, mis en pièces par les Bacchantes. Un certain Pégase d'Eleuthère en Béotie, portait dit-on, aussi les *phallus* et les images de Bacchus aux Athéniens, qui ne goûtèrent pas d'abord ce nouveau culte. Mais le dieu s'en vengea en affectant les parties sexuelles des hommes d'une maladie incurable et qui ne cessa que lorsque les Athéniens, après avoir consulté l'oracle, se décidèrent à adopter les orgies bachiques. » Tourlet.

[62] Ce sont trois noms de Cérès, confondue souvent avec Cybèle. D'où il suit que les amours d'Attis et de Cybèle ou Cérès ne sont qu'une allégorie de la fécondation de la terre par le soleil, à cet hymen périodique dont Virgile trace le magnifique tableau dans ses *Géorgiques*, liv. I, v. 325.

[63] C'est-à-dire le Temple de la Mère.

[64] Au deuxième siècle de notre ère, le philosophe Phavorinus affirme avoir vu l'acte d'accusation contre Socrate, conservé dans le temple de Cybèle, qui servait de greffe aux Athéniens.

est douée d'une force supérieure et toute divine, à peine arrivée dans le Tibre, y fixe tout à coup le navire comme par des racines. On le tire contre le courant du fleuve ; il ne suit pas. Croyant qu'on s'est engagé dans des brisants, on essaye de le pousser : il ne cède point à ces efforts. On y emploie toute espèce de machines : il demeure ferme et invincible. On fait alors retomber sur la vierge sacrée, qui exerce le plus saint des ministères, un grave et injuste soupçon. On accuse Clodia, c'était le nom de l'auguste vestale, de n'avoir point gardé sa virginité pure à la déesse, qui donne un signe évident de son irritation et de sa colère. Car tous voient dans un pareil fait quelque chose de divin et de surnaturel. Clodia, s'entendant nommer et accuser, rougit d'abord de honte, tant elle était loin de l'acte honteux et illégal qu'on lui imputait. Mais quand elle s'aperçoit que l'accusation devient sérieuse, elle dénoue sa ceinture, l'attache à la proue du navire, et ordonne à tous, comme par une inspiration divine, de s'éloigner. En même temps, elle supplie la déesse de ne point la laisser en butte à d'injustes calomnies ; puis, enflant sa voix, comme pour commander une manœuvre navale : « Souveraine mère, s'écrie-t-elle, si je suis chaste, suis-moi. » À l'instant même, elle fait mouvoir le vaisseau et le remonte bien avant dans le fleuve. Dans cette journée, ce me semble, la déesse apprit deux choses aux Romains : la première, qu'il ne fallait pas attacher une légère importance au fardeau venu de Phrygie, mais une haute valeur, comme à un objet non pas humain, mais divin, non comme à une argile sans âme, mais comme à un être vivant et à un bon génie. Voilà d'abord ce que leur montra la déesse. En second lieu, c'est que pas un citoyen bon ou mauvais, n'échappe à sa connaissance. Presque aussitôt la guerre des Romains contre les Carthaginois fut couronnée de succès, et l'on en vint à cette troisième période où Carthage dut combattre pour ses propres murailles. Si cette histoire paraît peu croyable ou peu convenable pour un philosophe et un théologien, elle n'en est pas moins digne d'être racontée. Elle a été écrite, en effet, par la plupart des historiographes, et conservée sur des images d'airain dans la ville puissante et religieuse de Rome. Je sais bien que des esprits forts diront que ce sont des contes de vieilles qui ne soutiennent pas la discussion ; mais il me paraît sage de croire plutôt au témoignage du peuple des villes qu'à ces beaux esprits, dont le petit génie est très subtil, mais ne voit rien sainement.

2. Au moment où je me propose d'écrire sur le temps d'abstinence qui vient d'avoir lieu, l'on me rappelle que Porphyre[65] en a fait la matière de quelques trai-

---

[65] Fameux philosophe pythagoricien du quatrième siècle après J.-C. Julien avait sans doute entendu parler de son *Traité sur l'abstinence* et de celui *De l'antre des nymphes*.

tés philosophiques; mais je ne les connais pas, je ne les ai jamais lus, et j'ignore si son sentiment se rencontre avec le mien. Cependant, j'imagine que ce Gallus ou Attis nous représente l'essence même de cette intelligence féconde et créatrice, qui engendre jusqu'aux derniers éléments de la matière, et qui renferme en elle tous les principes et toutes les causes des formes matérielles. En effet, les formes de tout ne résident point dans tout : et les causes supérieures et primitives ne contiennent pas tous les éléments extrêmes et derniers, après lesquels il n'existe plus rien que le nom vague et l'idée obscure de privation. Mais, comme il y a plusieurs substances et forces créatrices, la troisième de ces forces créatrices, qui organise les formes matérielles et en enchaîne les principes, cette puissance extrême, qui, propagée par un principe de fécondité exubérante, descend jusqu'à la terre du sein même des astres, est cet Attis que nous cherchons. Peut-être ce que je dis a-t-il besoin d'explication. Dire, en effet, que la matière est quelque chose, c'est avancer qu'il y a une forme matérielle ; et, si nous ne leur assignons point de cause, nous retombons, à notre insu, dans la doctrine d'Epicure[66]. Si donc il n'y a pas un principe antérieur aux deux autres, c'est une impulsion fatale, c'est le hasard qui règne dans l'univers. Mais nous voyons, dira quelque subtil péripatéticien, Xénarque[67] par exemple, que le principe commun est, le cinquième corps, le corps sphérique. Ainsi, Aristote a fait de ridicules efforts en cherchant au-delà. Il en est de même de Théophraste. Il a compromis son nom[68], lorsque, arrivé à une substance incorporelle et intelligente, il s'est arrêté, sans se préoccuper d'une autre cause, et en disant que les choses étaient ainsi de leur nature. Or, il s'ensuit que le cinquième corps étant ainsi de sa nature, il ne faut pas chercher d'autres causes, mais s'arrêter à celle-ci et ne point recourir à un être intelligent, lequel n'étant rien de sa nature, ne présente qu'une notion vague. Voilà ce que je me rappelle avoir entendu dire à Xénarque. Avait-il tort ou raison, c'est une question que je laisse à trancher aux péripatéticiens les plus habiles. Cependant, comme rien de tout cela ne me paraît satisfaisant, je soupçonne que les hypothèses défectueuses d'Aristote ont besoin d'être fondues avec les dogmes de Platon, ou mieux qu'il faut les rapprocher tous les deux des oracles que les dieux ont fait

---

[66] Epicure enseignait que l'univers a toujours été et sera toujours ; qu'il est composé d'un nombre infini d'atomes dont la rencontre fortuite dans le vide a formé tous les corps ; que l'âme humaine est corporelle, et que la mort est une pure séparation de particules élémentaires.
[67] On connaît Xénarque de Séleucie, philosophe péripatéticien du premier siècle de l'ère chrétienne, qui enseigna d'abord dans sa ville natale, où Strabon fut son disciple, et qui se rendit ensuite à Alexandrie, à Athènes et à Rome. Mais il semble, d'après ce que dit plus bas Julien, qu'il s'agit d'un autre Xénarque, contemporain de l'empereur.
[68] Théophraste veut dire *qui parle comme un dieu*.

entendre. Mais peut-être convient-il de demander d'abord comment le corps sphérique peut renfermer en soi les causes incorporelles des formes matérielles. Car, sans ces causes, toute génération serait impossible : c'est un fait évident et certain. Pourquoi, en effet, tant de choses engendrées ? Pourquoi un mâle et une femelle ? D'où vient, pour chaque espèce d'êtres, cette différence dans des formes déterminées, s'il n'y avait des causes primordiales et préexistantes, des types enfermés dans un type rationnel, qui éblouissent nos regards, si nous n'avons point purifié les yeux de notre âme ? Or, la vraie purification, c'est de revenir sur nous-mêmes et de considérer comment l'âme, l'esprit enveloppé de matière, peut être une figure, une image des formes matérielles. Car ni parmi les corps, ni parmi les êtres qui environnent les corps, ni parmi les êtres incorporels que conçoit la raison, il y en a pas un seul dont l'esprit ne puisse se former une idée incorporelle ; ce qu'il ne pourrait faire, s'il n'y avait entre eux une affinité naturelle. Voilà pourquoi Aristote dit que l'âme est le lieu des idées, non par spontanéité, mais par virtualité[69]. Il est donc nécessaire que l'âme, quand elle agit par le corps, contienne virtuellement les objets. Mais si quelque être était dégagé de cette âme et n'avait aucun mélange avec elle, il comprendrait, ce semble, toutes les raisons des choses non plus virtuellement, mais spontanément.

3. Rendons ces faits plus clairs par un exemple dont Platon s'est servi dans le *Sophiste*[70], quoique pour un autre objet. Du reste, je ne le cite pas pour démontrer ce que j'ai dit ; car la chose a moins besoin de démonstration que d'un simple coup d'œil de l'esprit, puisqu'il s'agit ici des premiers principes ou de ceux que l'on peut assimiler aux premiers, et que, pour nous, Attis est un dieu de cette nature. Or, de quel exemple entendons-nous parler ? Platon dit à peu près, en parlant des hommes qui s'occupent d'imiter, que, s'ils prétendaient, en imitant une chose, l'obtenir, non pas en copie, mais en réalité, ils entreprendraient une œuvre rude, difficile, pour ne pas dire impossible ; tandis qu'il est facile, simple et très possible de reproduire l'apparence de l'objet imité. Ainsi, en promenant un miroir, nous obtenons facilement le type de tous les objets qui s'y trouvent reproduits. Empruntons à cet exemple la comparaison nécessaire à l'explication de ce que nous venons de dire. À la place du miroir, plaçons ce qu'Aristote appelle le lieu des idées par virtualité. Il faut que ces idées aient existé spontanément, avant d'exister virtuellement. Si donc, comme le veut Aristote, l'âme qui est en

---

[69] Le grec dit, par *énergie* et par *puissance* : j'ai préféré les mots spontanéité et virtualité, qui sont beaucoup plus clairs pour nous.
[70] Spécialement chap. XXIII et LI.

nous contient virtuellement les formes des êtres, où placerons-nous les idées par spontanéité ? Sera-ce dans les êtres matériels ? Il est évident que ce sont les derniers des êtres. Reste donc à recourir à des causes immatérielles, spontanées, et antérieures aux objets matériels, qui, coexistant avec notre âme, reçoivent d'elle nécessairement, comme d'un miroir, toutes les raisons des formes, et les transmettent, par la nature, à la matière et à tous les corps matériels. Nous savons, en effet, que c'est la nature qui fabrique les corps, qu'elle compose tout entière l'ensemble de l'univers, et que chacune de ses parties en forme une portion. Ce sont là des faits d'une évidence parfaite. Mais la nature agissante n'a point d'images en nous, au lieu que l'âme, qui lui est supérieure peut recevoir des images. Si donc l'on convient que, si la nature n'a pas en soi l'image des objets, elle n'en renferme pas moins la cause, pourquoi, au nom des dieux, n'accorderions-nous pas antérieurement et avec plus de raison le même privilège à l'âme, puisque nous en avons l'idée et que nous le comprenons par le raisonnement ? Quel homme serait assez ami de la dispute pour convenir que la nature a toutes les raisons de formes matérielles, sinon toutes spontanément, du moins toutes virtuellement, et que l'âme n'a point le même avantage ? Si enfin la nature ne contient pas les formes spontanément, mais virtuellement, et si ces formes existent virtuellement dans l'âme, d'une manière plus pure et plus distincte, en sorte qu'elles sont perçues et comprises, sans cependant exister spontanément, de quoi ferons-nous donc dépendre la perpétuité des générations ? Sur quelle base ferons-nous reposer la croyance de l'esprit à l'éternité du monde ? Car tout corps circulaire est composé d'un substratum et d'une forme ; et, quoiqu'ils soient virtuellement inséparables l'un de l'autre, ils peuvent, du moins, être séparés par la pensée, qui conçoit l'un comme antérieur ou préexistant à l'autre. Puis donc qu'il existe une cause tout à fait immatérielle des formes matérielles, et que cette cause est subordonnée au troisième principe organisateur, qui est, selon nous, le père et le souverain, non seulement de ces formes, mais aussi du cinquième corps apparent, nous séparons de ce troisième principe une cause qui descend jusqu'à la matière et que nous nommons Attis, et nous croyons qu'Attis ou Gallus est un dieu générateur. La mythologie[71] dit que cet Attis, exposé sur les eaux du fleuve Gallus, atteignit la fleur de son âge : devenu beau et grand, il fut aimé de la Mère des dieux, qui, entre autres faveurs, le couronna d'étoiles. Et comme, en effet, le ciel visible couvre la tête d'Attis, ne convient-il pas de voir dans le fleuve Gallus le cercle Lacté[72], où l'on assure que s'opère le mélange du corps passible avec le mouvement circu-

---

[71] Voyez Ovide, *Fastes*, IV, v. 223 et suivants, et plus loin, v. 363 et suivant.
[72] Voyez Cicéron, *Sur le songe de Scipion*, et le *Commentaire* de Macrobe, liv. I, chap. XII.

laire du corps impassible? La Mère des dieux avait permis de bondir et de danser jusque-là à ce beau jeune homme, comparable aux rayons solaires, au dieu intelligent Attis. Mais celui-ci s'étant avancé progressivement jusqu'aux dernières extrémités, la fable ajoute qu'il descendit dans l'antre, où il eut commerce avec la nymphe[73], ce qui signifie qu'il s'approcha de la plus pure matière, mais non pas encore de la matière même, et qu'il devint cette dernière cause incorporelle qui préside à la matière. C'est dans ce sens qu'Héraclite a dit[74] :

Ces humides esprits que la mort peut atteindre.

Nous croyons donc que ce Gallus est le dieu intelligent qui renferme en lui-même les formes matérielles et sublunaires, et auquel s'unit la cause préposée à toute matière, non comme un sexe s'unit à l'autre, mais comme un élément se porte vers celui pour lequel il a de l'affinité.

4. Qu'est-ce donc que la Mère des dieux ? La source d'où naissent les divinités intelligentes et organisatrices qui gouvernent les dieux visibles ; la déesse qui enfante et qui a commerce avec le grand Jupiter ; la grande déesse existant par elle-même, après et avec le grand organisateur ; la maîtresse de toute vie, la cause de toute génération ; celle qui perfectionne promptement tout ce qu'elle fait ; qui engendre et organise les êtres avec le père de tous ; cette vierge sans mère, qui s'assied à côté de Jupiter, comme étant réellement la mère de tous les dieux. Car, ayant reçu en elle les causes de tous les dieux hypercosmiques, elle devient la source des dieux intelligents. Cette déesse donc, cette Pronoée, fut prise d'un chaste amour pour Attis ; c'est-à-dire qu'elle s'attacha volontairement et de son plein gré, non pas aux formes matérielles, mais plutôt aux causes de ces formes. La fable signifie donc que la Providence, qui gouverne les êtres sujets à la génération et à la corruption s'est prise à aimer la cause énergique et génératrice de ces êtres ; qu'elle lui a ordonné d'engendrer principalement dans l'ordre intellectuel, de se tourner volontairement vers elle et d'avoir commerce avec elle, à l'exclusion de toute autre, tarit pour conserver une salutaire unité que pour éviter la propension vers la matière. Elle a exigé qu'il eût les yeux tournés sur elle, comme sur la source des dieux organisateurs, mais sans se laisser entraîner ou fléchir vers la génération. C'est ainsi que le grand Attis devait être le procréateur par excellence. Car, en toutes choses, la direction vers la supériorité vaut mieux

---

[73] Sangaris, fille du fleuve Sangare.
[74] Dans un poème qui a péri.

que la propension vers l'infériorité. C'est ainsi que le cinquième corps est plus énergique et plus divin que les corps d'ici-bas, parce qu'il tend davantage vers les dieux. Car un corps fût-il éthéré et formé de la plus pure essence, qui oserait dire qu'il est supérieur à une âme sans mélange et sans souillure, telle que celle que le procréateur fit entrer dans Hercule ? Et cependant, ce procréateur parut plus énergique au moment où il donna une telle âme à ce corps. Car le gouvernement des choses est devenu plus facile à Hercule lui-même, retiré tout entier dans le sein de son père, que quand, revêtu de chair, il vivait parmi les hommes. Tant il est vrai qu'en tout le principe qui tend vers le mieux est plus énergique que celui qui descend vers le pire. Pour nous le faire entendre, la Fable nous rapporte que la Mère des dieux fit à son Attis un précepte de la servir religieusement, de ne point se séparer d'elle et de n'en pas aimer d'autre. Celui-ci descendit progressivement jusqu'aux extrémités de la matière[75] ; mais comme il fallait l'arrêter et mettre des bornes à son immensité[76], Corybas[77], ce Grand Soleil, l'assesseur de la Mère des dieux, qui avec elle organise tout, pourvoit à tout et ne fait rien sans elle, envoie le Lion pour lui servir de truchement. Qu'est-ce que le Lion ? Nous savons que c'est le principe igné, c'est-à-dire la cause qui préside à la chaleur et à la flamme, et qui, par conséquent, devait s'opposer à la nymphe et paraître jaloux de son commerce avec Attis. Nous avons dit plus haut quelle est cette nymphe. La Fable nous fait donc entendre que cette cause vient en aide à la Providence organisatrice des êtres, c'est-à-dire à la Mère des dieux, et que, en même temps, cette cause, en désignant et en dénonçant le jeune Attis, détermine sa mutilation. Or, cette mutilation est, en quelque sorte, une limitation de l'infini. En effet, la génération est limitée par la Providence organisatrice à un nombre déterminé de formes, en tenant compte toutefois de la démence d'Attis, qui, dépassant par ses écarts la juste mesure et s'épuisant par son excès, ne peut se contenir elle-même ; ce qui devait naturellement arriver au dernier principe des dieux. Ainsi va l'immuabilité du cinquième corps au milieu des continuels changements qu'opèrent les phases lumineuses de la Lune. Ce monde, qui ne cesse pas un seul instant de naître et de périr, est voisin du cinquième corps ; et dans les phases lumineuses de la Lune, nous voyons se produire un changement et des altérations.

5. Il n'est donc pas étrange de croire qu'Attis est un demi-dieu, tel est le sens de la fable, ou plutôt un dieu parfait : car il provient du troisième prin-

---

[75] Il y a en grec un mot à double entente, *hylê* qui signifie tout ensemble *matière* et *forêt*.
[76] Autre mot à double entente, *apeira*, qui signifie également *immensité* et *inexpérience*.
[77] On donne plus communément le nom de Corybas au chef des Corybantes, prêtres de Cybèle.

cipe générateur, et il retourne vers la Mère des dieux, après sa mutilation. Mais comme il se plaît à descendre, il a l'air de pencher vers la matière. Toutefois, on n'aurait point tort de croire qu'il est le dernier des dieux et le chef de toutes les générations divines. La Fable prétend qu'il est demi-dieu pour nous apprendre qu'il diffère des dieux immuables. La Mère des dieux lui a donné pour satellites les Corybantes, qui sont les trois principales causes individuelles des meilleures générations des dieux. Il commande également aux Lions, qui, ayant reçu du ciel une substance chaude et ignée, donnent d'abord naissance au feu avec le Lion leur chef, et qui, ensuite, par leur chaleur et leur mouvement énergique, conservent les autres corps. Enfin, il se couvre du ciel comme d'une tiare et de là il fait effort vers la terre. Tel est pour nous le grand dieu Attis. Quant aux fuites du roi Attis célébrées par des larmes, ses retraites, ses disparitions et ses descentes dans l'antre, le temps où elles ont lieu nous en montre le sens. Car on coupe, dit-on, l'arbre sacré[78] au jour prédit où le Soleil atteint le sommet de l'abside équinoxiale ; le jour suivant, la trompette se fait entendre ; au troisième jour, on coupe la moisson sacrée et mystérieuse du dieu Gallus[79]. Viennent ensuite les fêtes nommées Hilaria[80]. Que cette castration, dont on a tant parlé, soit une limitation de l'infini, on n'en saurait douter, quand on voit que, dans ce même moment, le Grand Soleil touche le point du cercle équinoxial où sa course est bornée. Or, ce qui est égal est borné ; ce qui est inégal est illimité, impénétrable. Aussitôt après, dit-on, l'on coupe l'arbre, puis ont lieu les autres cérémonies, les unes enveloppées de mystères et de rites cachés, les autres pouvant être divulguées aux profanes. Quant à l'excision de l'arbre, elle a trait uniquement à l'histoire de Gallus et n'a aucun rapport avec les mystères où elle a lieu. Les dieux, je pense, nous enseignent par ces formes symboliques que nous devons, recueillant de la terre ce qu'il y a de plus beau, offrir pieusement à la déesse notre vertu, pour être le gage d'une honnête conduite. L'arbre, en effet, naît de la terre, se porte vers le ciel, offre à l'œil un bel aspect, fournit de l'ombre pendant les grandes chaleurs et nous fait largesse des fruits qu'il tire de son essence tant il y a en lui de force génératrice. Ainsi, le rite en question nous invite, nous qui, nés dans le ciel, avons été transplantés sur la terre, à recueillir de notre conduite ici-bas la vertu accompagnée de la piété, pour remonter en toute hâte vers la déesse procréatrice

---

[78] Le pin, symbole ityphallique de la Génération. —Voyez Arnobe, liv. V.
[79] Les testicules. —Voyez saint Augustin, *Cité de Dieu*, liv. VII, chap. 96 ; Lactance, I, 21, et Cf. Lucien, *De la déesse syrienne*, 50 et 51.
[80] Cette fête de l'Hilarité et de la joie que causent le retour du printemps et la marche ascendante du soleil avait lieu le 8 des calendes d'avril, qui est le premier jour que le soleil fait plus long que la nuit. Voyez Macrobe, *Saturnales*, I, 21.

et génératrice de la vie. Aussitôt après l'excision, la trompette donne à Attis le signal de son rappel, qui est aussi le nôtre, à nous qui sommes tombés du ciel sur cette terre. Dans le symbole, le roi Attis borne, par sa mutilation, sa course vers l'infini. Par là, les dieux nous ordonnent de retrancher à l'infinité de nos désirs, de nous rapprocher de ce qui est borné, uniforme, et de tendre, autant que possible, vers l'unité. C'est dans ces dispositions qu'il convient de célébrer les Hilaria. Car qu'y a-t-il de plus dispos, de plus joyeux qu'une âme qui, après avoir échappé à l'infini, à la génération et aux tempêtes qu'elle soulève, se sent enlevée vers les dieux? Or, l'un de ces dieux est Attis, que la Mère des dieux n'abandonna point, quoiqu'il se fût avancé plus loin qu'il ne devait, mais elle l'a retenu sur la pente, et, arrêtant sa course vers l'infini, elle l'a ramené vers elle.

6. Qu'on ne suppose point toutefois que je rapporte ici des faits réels et tels qu'ils se sont passés, comme si les dieux ignoraient ce qu'ils doivent faire ou qu'ils aient besoin de corriger leurs erreurs. Les anciens ont réfléchi longtemps, avec l'aide des dieux, sur les causes des êtres, et ils les ont découvertes par eux-mêmes, ou, ce qu'il vaut mieux dire peut-être, ils les ont trouvées, guidés par les dieux, puis ils les ont ensuite enveloppées de fables incroyables, afin que l'invraisemblance paradoxale de la fiction nous portât à la recherche du vrai. Or, la vérité, selon moi, peut suffire au vulgaire sous une forme déraisonnable, et j'admets les symboles, du moment qu'ils sont utiles. Mais pour les hommes d'une intelligence supérieure, la plus grande utilité étant de connaître la vérité sur les dieux, celui qui la recherche et qui la trouve, guidé par les dieux mêmes, est averti par ces énigmes qu'il doit y chercher quelque chose, afin de parvenir, après l'y avoir trouvé, au comble de la doctrine, par la méditation et non point par une croyance respectueuse à l'opinion d'autrui ou sous une autre influence que celle de sa propre raison. Quelles sont donc nos idées sur cette question? Les voici en quelques mots. Jusqu'au cinquième corps, il n'y a pas seulement un principe intellectuel, mais tous les corps apparents, qui font partie de la classe impassible et divine, jusqu'aux dieux que l'on regarde comme purs de tout mélange. Mais comme les corps d'ici-bas ne subsistent que par la substance féconde des dieux, et que la matière est produite avec eux de toute éternité, d'eux et par eux, grâce au superflu du principe procréateur et organisateur, naît la Providence qui veille sur les êtres, coexiste éternellement avec les dieux, est assise sur le trône du roi Jupiter, et est la source des dieux intelligents. Quant à ce qui paraît sans vie, infécond, abject, le rebut, la lie, et, pour ainsi dire, le résidu des êtres, c'est également cette Providence qui, par la dernière des divinités, celle en qui finissent les substances de tous les dieux, l'ordonne, le dirige et le conduit à un état meilleur. Car

cet Attis, qui a la tiare parsemée d'étoiles, commence évidemment son règne au point où la série entière des dieux se termine par notre monde visible. Il conserve jusqu'à la Galaxie[81] ce qu'il avait de pur et sans mélange ; mais, arrivé à ce point, où s'opère le mélange de sa nature impassible avec ce qui est sujet à l'altération, il donne naissance à la matière, et sa communication avec elle est figurée par sa descente dans l'antre. Or, quoique ce commerce n'ait pas lieu sans la volonté des dieux et de leur Mère, elle est censée contraire à leur volonté.

En effet, l'excellence de la nature des dieux ne permet pas à leur supériorité de descendre vers les objets terrestres, mais seulement de traverser un état d'infériorité relative, pour remonter vers une situation plus noble et plus aimée des dieux. Il ne faut donc pas dire que la Mère s'est emportée contre Attis après sa mutilation : non ; elle ne s'en fâche point encore, mais ce qui la fâche, c'est sa condescendance, c'est que lui, un être supérieur, un dieu, se donne à un être inférieur. Cependant, lorsqu'elle l'a arrêté dans sa progression vers l'infini et qu'elle a fait rentrer le désordre dans l'ordre, au moyen de la sympathie qui le porte vers le cercle équinoxial, où le Grand Soleil achève le plus haut période de sa course réglée, la déesse s'empresse de le rappeler à elle, ou plutôt elle le garde toujours auprès d'elle. Et jamais, en aucun temps, il n'a cessé d'en être ainsi, jamais les choses n'ont été d'autre manière. Toujours Attis est le ministre, le conducteur du char de la Mère des dieux : il provoque toujours la génération ; toujours il retranche l'infinité à la cause déterminée des formes. Mais, lorsqu'il se relève, pour ainsi parler, de la terre, il reprend, dit-on, le sceptre de son ancienne autorité, non qu'il descende du trône ou qu'il en soit déchu, mais on suppose cette déchéance à cause de son commerce avec l'être passible.

7. Ici se présente une difficulté. Il y a deux équinoxes, celui des Pinces[82] et celui du Bélier[83]. Pourquoi choisit-on ce dernier ? En voici la cause évidente. C'est que, au moment où le Soleil, après l'équinoxe, semble se rapprocher de nous et où le jour augmente, la saison, je pense, paraît plus favorable à ces fêtes. Car, sans m'arrêter au principe qui veut que la lumière marche de pair avec les dieux, il faut croire que la vertu attractive des rayons du Soleil s'attache à ceux qui

---

[81] Nom grec de la Voie Lactée. Nous avons employé à dessein le nom de Galaxie, terme de la langue astronomique, pour rappeler l'opinion de quelques interprètes des idées cosmo-théologiques de Julien qui personnifient dans Gallus la Voie Galactée ou Lactée. Voyez Em. Lamé, p. 242.
[82] Autrement dit dans les Bras du Scorpion, qui sont devenus plus tard la Balance, signe du Zodiaque correspondant à septembre.
[83] Au mois athénien anthestérion, entre février et mars.

se proposent de s'abstenir de la génération. Voyez cela d'une manière sensible. Le Soleil attire tout hors de la terre : il excite, il fait germer tout par la puissance de son feu : sa merveilleuse chaleur divise les corps jusqu'à la dernière ténuité et soulève ceux qui tendraient à s'abaisser de leur nature. Or, ce sont là des preuves qui permettent de juger de ses vertus cachées. Comment, en effet, celui qui, par sa chaleur corporelle opère de tels prodiges dans les corps, ne pourrait-il point, par la substance invisible, incorporelle, divine et pure de ses rayons, attirer et enlever les âmes fortunées ? Ainsi, après avoir montré que cette lumière est appropriée aux dieux comme aux hommes qui tendent à s'élever, et qu'elle s'accroît dans notre monde de manière que les jours deviennent plus longs que les nuits, quand le Roi Soleil commence à parcourir le signe du Bélier, nous avons fait voir que les rayons du dieu possèdent mie vertu attractive, tant manifeste que secrète, par laquelle une infinité d'âmes sont enlevées et suivent le plus brillant des sens, le plus semblable au Soleil. Je parle de l'organe de la vue, que le divin Platon[84] a célébré non seulement comme le plus précieux et le plus utile aux usages de la vie, mais aussi parce qu'il nous guide dans les voies de la sagesse. Et maintenant si j'abordais les sujets mystiques et secrets qu'a chantés le Chaldéen[85] en l'honneur du dieu aux sept rayons, afin d'élever par lui les âmes vers le ciel, je dirais des choses ignorées, ignorées surtout du vulgaire, mais bien connues des heureux adeptes de la théurgie ; aussi les passerai-je sous silence pour le moment.

8. Je reviens à ce que j'ai déjà dit précédemment que ce n'est point au hasard, mais par des motifs fondés en raison et en réalité, que les anciens ont fixé l'époque de ces cérémonies. La preuve en est que la déesse elle-même a pour domaine le cercle équinoxial. Or, c'est sous le signe de la Balance[86] que s'exécutent les mystères augustes et secrets de Déo et de Cora[87]. Et c'est tout naturel. Il est juste de rendre un culte solennel au dieu qui s'éloigne, et de lui demander qu'il nous préserve de la puissance impie et ténébreuse. Aussi les Athéniens célèbrent-ils deux fois les mystères de Déo : les Petits mystères, lorsque le Soleil est dans le Bélier, et les Grands quand il est dans les Pinces. J'en ai dit la raison tout à l'heure. Quant à la distinction entre les Grands et les Petits mystères, je crois que, entre autres motifs, le plus plausible, c'est qu'il convient d'honorer plus le dieu lorsqu'il s'éloigne que lorsqu'il se rapproche. Aussi les Petits ne sont-ils

---

[84] Dans le *Timée*, chap. XXX.
[85] On ne peut douter qu'il ne s'agisse du Chaldéen dont il est question dans saint Augustin, Cité de Dieu, X, 9 ; mais on ne sait point son nom.
[86] Au mois athénien boédromion, entre août et septembre.
[87] Cérès et Proserpine.

qu'une sorte de commémoration, attendu que le dieu sauveur et attracteur des âmes étant, pour ainsi dire, présent, on ne peut que préluder à la célébration des rites sacrés, après lesquels viennent, au bout de quelque temps, les purifications continues et les abstinences consacrées ; mais, lorsque le dieu se retire vers la zone antichthone [88], alors, pour la garde et le salut communs, on célèbre le plus important de tous les mystères. Remarquez que, comme alors s'opère le retranchement de l'organe de la génération, de même chez les Athéniens ceux qui pratiquent ces mystères secrets sont tout à fait purs, et l'hiérophante [89], leur chef, s'abstient de toute génération, tant pour ne pas contribuer à la progression vers l'infini, que pour maintenir pure et sans altération la substance finie, perpétuelle et enfermée dans l'unité. Mais en voilà suffisamment sur ce sujet.

9. Il me reste maintenant, ce qui va de soi-même, à parler des abstinences et des purifications et à y puiser ce qui peut se rattacher à mon sujet. Au premier abord, il semble ridicule à tout le monde que la loi sainte permette l'usage des viandes et qu'elle interdise les légumes. Les légumes ne sont-ils point inanimés, tandis que les viandes ont été animées ? Les premiers ne sont-ils pas purs, tandis que les autres sont remplies de sang et de beaucoup d'autres substances qu'on n'aime ni voir, ni entendre nommer ? Et, chose plus frappante, n'est-il pas vrai que, en se nourrissant de légumes, on ne nuit à aucun être vivant, tandis que l'on ne peut se nourrir de viande sans immoler et égorger des animaux, qui souffrent et qui sont réellement tourmentés ? Voilà ce que pourraient nous dire nombre de gens sensés : voilà ce que tournent en ridicule les plus impies des hommes. On permet, disent-ils, de manger les légumes à tige, et l'on défend les racines, par exemple les raves ; on laisse aussi manger des figues, mais on défend les grenades et les oranges [90]. J'ai entendu maintes et maintes fois chuchoter ces propos, et je les ai même tenus autrefois. Mais maintenant, seul peut-être entre tous, je me reconnais infiniment redevable à tous les dieux souverains, et surtout à la Mère des dieux, de ce que, sans parler de ses autres faveurs, elle ne m'a point laissé errer en quelque sorte dans les ténèbres ; mais, après m'avoir commandé de me mutiler, non du corps sans doute, mais de tous les appétits déraisonnables de l'âme et de tous les mouvements superflus et inutiles à la cause intelligente, qui gouverne nos âmes, elle a de plus enrichi mon esprit d'idées, qui, loin d'être aucunement étrangères à la connaissance véritable des dieux, composent la vraie science re-

---

[88] Opposée à la terre ou antipode.
[89] La plus stricte chasteté lui était prescrite.
[90] Les oranges, les citrons, les grenades, les pêches et les pommes étaient des symboles amoureux. — Voyez Lucien, *Dial. des Courtisanes*, XII, 1.

ligieuse. Mais j'ai l'air de ne plus savoir que dire, engagé que je suis dans les circuits de mon discours. Je puis, au contraire, en pénétrant dans les détails de mon sujet, indiquer les causes précises et manifestes pour lesquelles il n'est pas permis d'user de certains aliments, qu'interdit la loi divine ; et c'est ce que je vais faire avant peu. Toutefois, il vaut mieux commencer par établir des principes et des règles, d'après lesquels, lors même que la rapidité de mon discours me ferait commettre quelques omissions, nous aurions toujours un critérium assuré.

10. Et d'abord il convient de rappeler en peu de mots ce que nous entendons par Attis et par sa mutilation, puis ce qui se pratique après cette mutilation jusqu'aux Hilaria, et enfin quel est le but de l'abstinence. Il a été dit qu'Attis est la cause essentielle, le dieu qui a procréé immédiatement le monde matériel, et qui, descendant jusqu'aux dernières extrémités, est arrêté par le mouvement organisateur du Soleil, au moment où ce dieu arrive au point culminant de la circonférence limitée de l'univers, point que l'effet qui en résulte fait nommer équinoxial. Nous avons dit également que la mutilation est la limitation de l'infini, laquelle s'opère exclusivement par l'attraction des derniers principes élémentaires vers les causes primordiales et antérieures avec qui elles se confondent. Enfin, nous disons que le but de l'abstinence est l'élévation des âmes. La loi défend donc avant tout de se nourrir des grains enfouis dans la terre, parce que le dernier des êtres est la terre, sur laquelle, comme l'a dit Platon, se sont réfugiés tous les maux, et d'où les oracles divins, qui l'appellent sans cesse le rebut de toutes choses, nous prescrivent journellement de nous éloigner. Aussi la déesse procréatrice et prévoyante refuse-t-elle à nos corps les aliments que la terre recèle dans son sein, nous recommandant plutôt de fixer nos regards vers le ciel et même au-delà du ciel. Il y a pourtant des gens qui se nourrissent des cosses de certaines graines, regardant ces cosses moins comme une graine que comme le légume même qui en est sorti, vu qu'elles se sont élevées en l'air et n'ont point de racines dans la terre, à laquelle elles adhèrent seulement comme les baies du lierre à l'arbre et le fruit de la vigne au cep. On nous défend donc la graine des plantes, tandis qu'on nous permet l'usage des fruits et des légumes, non de ceux qui sont en terre, mais de ceux qui en sont sortis et qui s'élèvent en l'air. Voilà pourquoi la partie de la rave qui se plaît dans la terre nous est interdite ; celle, au contraire, qui en sort pour monter en haut nous est permise comme étant pure. Enfin, la loi nous accorde l'usage des légumes à tige et elle nous défend les racines, comme nourries de la terre et sympathisant avec elle.

11. Pour ce qui est du fruit des arbres, les oranges sacrées et de couleur d'or

représentant le prix des combats mystiques et secrets, la loi défend de les gâter et de les consommer, et elles ont droit, à cause des archétypes dont elles sont l'image, à notre vénération et à nos respects. Les grenades sont défendues parce qu'elles proviennent d'un arbuste terrestre. Le fruit du palmier[91] passe, dans l'esprit de quelques-uns pour être interdit, parce que cet arbre ne croît point en Phrygie, où le culte a d'abord pris naissance. Mais il me semble plutôt que cet arbre, consacré au Soleil et ne vieillissant jamais, ne peut être autorisé à servir de nourriture au corps dans les abstinences. Enfin, l'on nous défend toute espèce de poisson, et cette défense nous est commune avec les Égyptiens. Or, je vois deux raisons pour lesquelles on doit s'abstenir de poisson, sinon en tout temps, du moins durant les jours d'abstinence. La première, c'est qu'il ne convient pas de se nourrir d'aliments que l'on ne sacrifie pas aux dieux. Ici je ne crains pas d'encourir le blâme de certain gourmand, qui, je m'en souviens, m'a dit plus d'une fois : « Pourquoi n'offririons-nous pas habituellement du poisson aux dieux ? » Voilà ce qu'il me disait. Mais j'aurais à lui répondre ceci : Nous en sacrifions, mon cher, dans certaines cérémonies mystiques, comme les Romains un cheval[92] ou comme les Grecs et les Romains sacrifient à Hécate des animaux sauvages ou privés, et jusqu'à des chiens ; comme plusieurs villes, dans certains mystères, offrent de semblables victimes une ou deux fois par an ; mais ce n'est jamais dans les sacrifices d'honneur, qui n'admettent que des mets que l'on peut partager et servir sur la table des dieux. Or, nous n'immolons pas de poissons dans les sacrifices d'honneur, parce que nous ne nous occupons ni de la nourriture ni de la multiplication de ces animaux, et que nous ne formons pas des troupeaux de poissons comme de bœufs ou de brebis, tandis que ces derniers animaux, assistés par nous et se multipliant par nos soins, sont également propres à nos usages domestiques, et dignes, avant tous les autres, d'être offerts dans les grandes cérémonies. Telle est, je crois, la première raison pour laquelle le poisson ne doit point servir de nourriture durant le temps de la sainte abstinence. La seconde raison, qui me paraît être une juste conséquence des principes énoncés, c'est que les poissons, plongés en quelque sorte dans de profonds abîmes, sont plus terrestres encore que les graines. Or, quiconque désire prendre l'essor, s'élever au-dessus des airs et s'envoler vers les sommets du ciel, doit dédaigner tout cela : il y a course, il y a vol dans les êtres qui tendent vers l'éther, qui aspirent aux espaces d'en haut, et

---

[91] La datte.
[92] Les Romains immolaient un cheval à Mars, au mois d'octobre, suivant Festus, et de décembre suivant Plutarque. Voyez Plutarque, *Questions romaines*, XCVII. Ils immolaient un chien roux le septième jour des calendes de mai. Voyez Ovide, *Fastes*, IV, v. 939, et cf. Pline, *Hist. nat.*, XVIII, 9.

qui, pour me servir d'une expression poétique, ont les regards tournés vers le ciel. On nous permet donc de prendre pour nourriture les oiseaux, à l'exception d'un petit nombre qui passe partout pour sacré. Il en est de même des quadrupèdes ordinaires, sauf le porc, qui est tout à fait terrestre par sa forme, son genre de vie et sa chair grasse et compacte : on l'écarte de la table sacrée : on croit, et l'on a raison, que cet animal est une offrande agréable aux dieux souterrains, vu qu'il ne regarde jamais le ciel, non seulement parce qu'il ne le veut pas, mais parce que sa nature s'y refuse. Tels sont les motifs de l'abstinence prescrite par la loi divine : nous les connaissons et nous en faisons part à ceux qui sont initiés à la science des dieux.

12.   Au sujet des aliments que la loi divine autorise, voici encore une observation. La loi ne prescrit point tout à tous, mais seulement le possible ; et, tenant compte de la nature humaine, elle permet l'usage d'un grand nombre d'aliments, non pour nous y contraindre tous sans exception, ce qui pourrait être incommode, mais de manière qu'on ait égard d'abord à la force du corps, puis à la faculté de se procurer le genre d'aliments, et, en troisième lieu, au choix de la volonté, qui, lorsqu'il est question de choses sacrées, doit cependant s'élever au-dessus des forces du corps et s'efforcer d'atteindre le but de la loi divine. Car la volonté assurera d'autant plus efficacement le salut de l'âme qu'elle en prendra plus de soin que de la conservation du corps, et cette disposition même de la volonté tournera merveilleusement et au-delà de ce qu'on le croirait d'abord, au profit de la santé corporelle. En effet, quand l'âme s'abandonne exclusivement aux dieux, afin de s'élever tout entière vers la perfection, l'abstinence, selon moi, lui vient en aide, et, avant l'abstinence, les lois divines qui la précèdent ; aussi, désormais, plus d'obstacles, plus d'entraves tout est au pouvoir des dieux, tout est soumis à leur empire, tout est rempli des dieux : alors brille devant les âmes la lumière divine qui les pénètre, les divinise, et leur donne une vigueur, une énergie qui se fond avec l'esprit vital. De cette absorption, de ce mélange, il résulte un principe de conservation pour le corps tout entier. Aussi, la plupart des maladies graves, pour ne pas dire toutes, proviennent de la déviation et de l'aberration de ce principe vital. Il n'y a pas un seul disciple d'Esculape qui n'en convienne : les uns disent toutes les maladies, les autres disent la plupart, les plus graves, les plus difficiles à guérir. Et la preuve en est dans les oracles des dieux. J'affirme donc que dans l'abstinence, non seulement l'âme, mais le corps trouve un puissant auxiliaire de conservation et de santé. Oui, c'est un principe conservateur pour l'enveloppe mortelle de notre chétive matière, et c'est ce que promettent les dieux aux adeptes fidèles à ces prescriptions théurgiques.

13. Qu'ajouterai-je à ce discours, moi, qui n'ai eu qu'une faible partie de la nuit pour enchaîner tout d'une haleine les idées que je viens d'exposer, sans avoir rien lu, rien médité sur ce sujet, sans avoir même l'intention de rien écrire avant d'avoir demandé mes tablettes ? J'en prends à témoin la déesse elle-même. Mais, je le répète, que dirai-je de la déesse, sinon que je l'associe à Minerve et à Bacchus, dont la loi a placé les fêtes au temps même de ces abstinences ? Elle a vu qu'il avait affinité de Minerve avec la Mère des dieux, parce que toutes deux ont dans leur essence une prévoyance identique : elle a remarqué dans Bacchus une force d'organisation multiple, que le grand Bacchus tient de la substance unique et unifiante du grand Jupiter dont il émane, et qu'il distribue à tous les êtres visibles, en sa qualité de surveillant et de roi de la répartition universelle. Il convient d'adjoindre encore à la mémoire de ces divinités Mercure Epaphrodite. Car c'est le surnom que donnent à ce dieu les initiés, dont les lampes brillent en l'honneur du sage Attis. Or, qui peut avoir l'âme assez épaisse pour ne pas comprendre que les noms de Mercure et de Vénus rappellent les principes universels de la génération propre à tous les êtres, mais réglée en vue de ce qui est conforme à la raison ? Attis, en effet, après avoir été un moment égaré, ne reçoit-il pas le nom de sage à cause de sa mutilation ? Égaré, parce qu'il a cédé à la matière et présidé à la génération ; sage, pour avoir organisé ce qu'il y a de plus abject et l'avoir perfectionné à un point qu'aucun art ni aucune intelligence humaine ne saurait l'imiter. Mais quelle doit être la fin de mon discours, sinon un hymne en l'honneur de la grande déesse.

O Mère des dieux et des hommes, ô toi qui es assise sur le siège et sur le trône du grand Jupiter, ô source des dieux intelligents, ô toi qui t'unis aux substances pures de tous les êtres intelligibles, pour former de toutes une cause génératrice, dont tu communiques la puissance aux êtres intelligents, déesse de la Vie, sagesse, providence, procréatrice de nos âmes ; ô toi qui aimes le grand Bacchus, qui sauva Attis exposé sur les eaux, et qui le rappela vers toi plongé dans l'antre de la terre ; ô toi qui mets les dieux intelligents en possession de tous les biens, qui ornes et remplis de tes dons tout ce monde visible, et qui répands sur nous tous toutes tes faveurs, accorde à tous les hommes le bonheur, dont la base est la connaissance des dieux, et au peuple romain surtout le commun avantage d'effacer la tache de l'impiété, et de voir la Fortune bienveillante favoriser son gouvernement pendant des milliers de siècles. Et moi, puisse-je, comme fruit de mon dévouement à ton culte, recueillir la vérité dans ma croyance aux dieux, la perfection dans l'observance de mes devoirs théurgiques ! Puissions-nous, après avoir surpassé en vertu et en bonheur tous ceux qui marchent dans les voies politiques et militaires, arriver au terme de la vie sans douleur, mais avec gloire et la douce espérance de parvenir enfin jusqu'à toi !

CONTRE LES CHIENS IGNORANTS [93]

Sommaire

Un cynique a osé accuser Diogène de vaine gloire, Julien va lui répondre. — Exposé de la doctrine des cyniques. — Le cynisme est une des formes de la philosophie, et l'application de l'oracle pythien : « Connais-toi toi-même. » — Se connaître soi-même, c'est ressembler le plus possible à la Divinité. — Comment différents philosophes ont pratiqué cette maxime. — Éloge d'Antisthène et de Diogène Appréciation du système philosophique et des actions de ce dernier. — Le but de la philosophie cynique étant le bonheur, et le bonheur consistant à vivre selon la nature, Diogène a conformé sa vie et sa conduite à cette fin souveraine. — Exemples à l'appui. — Éloge de la frugalité. — Vers de Cratès. — Portrait du véritable cynique. — Nouveaux reproches, en manière de conclusion, adressés au calomniateur du cynisme et de Diogène.

1. Les fleuves remontent, dit le proverbe [94]. Un cynique accuse Diogène de vaine gloire. Il ne veut pas se baigner à l'eau froide, bien que d'un corps vigoureux, plein de sève et dans la fleur de l'âge, il a peur de prendre du mal, et cela au moment où le dieu Soleil entre dans le solstice d'été. Il se moque de la folie et de la sotte vanité de Diogène puni d'avoir mangé un polype [95], nourriture qui produit en lui l'effet mortel de la ciguë. Il a poussé si loin la sagesse qu'il sait précisément que la mort est un mal. Or, le sage Socrate avouait n'en rien savoir, et après lui Diogène. Car celui-ci, dit-il, en présentant un poignard à Antisthène épuisé par une maladie longue et incurable, lui demande s'il a besoin du secours

---

[93] Composé en une seule nuit, près du Bosphore, dans les premiers mois de l'année 362. — Les anciens donnaient le nom de chiens aux philosophes que nous appelons cyniques. — Cf. le dialogue de Lucien intitulé *le Cynique*.

[94] Ce proverbe signifie, en grec : Le monde est renversé, ou C'est le monde retourné. Diogène de Laërte le cite dans sa biographie de Diogène. Lorsque Xéniade l'eut acheté, Diogène lui dit : « Veille à bien faire ce que je t'ordonnerai. — Les fleuves remontent vers leur source, reprit Xéniade. — Si, étant malade, répliqua Diogène, tu avais acheté un médecin, répondrais-tu, au lien de lui obéir, que les fleuves remontent vers leur source ? » Diogène de Laërte, liv. VI, chap. 2, t. II, p. 17, trad. Zévort.

[95] Voyez les différentes traditions sur la mort de Diogène dans Diogène de Laërte, à l'endroit cité, p. 40. — Cf. les vers de Sotadès dans Stobée, *Florileg.*, titre XCVIII, 9, et Athénée, liv. XVIII, sect. 6.

d'un ami⁹⁶. Il pensait donc que la mort n'a rien d'effrayant, ni de douloureux. Pour nous, qui avons aussi adopté le bâton, nous savons, de science plus certaine, que, si la mort est un mal, la maladie est un fléau pire que la mort même, mais que le pire de tout, c'est d'avoir froid⁹⁷. En effet, un malade peut se tenir mollement pendant qu'on le soigne, en sorte que sa maladie peut devenir tout plaisir, surtout s'il est riche. J'ai vu moi-même, par Jupiter, des malades vivre plus doucement qu'en bonne santé, où cependant ils étaient splendidement dans les délices. Ce qui m'a fourni l'occasion de dire parfois à mes amis, qu'ils devaient plutôt envier le sort des domestiques que celui des maîtres, et qu'ils se trouveraient mieux d'être pauvres et nus comme le lis, que riches comme il étaient. Du moins cesseraient-ils d'être tout ensemble malades et opulents. Tant il y a de gens qui croient beau d'étaler à la fois le faste de leur mal et le mal de leur faste ! Mais l'homme réduit à souffrir le froid et à endurer la grande chaleur, n'est-il pas plus malheureux que les malades ? Il souffre une douleur sans remède.

2. Exposons maintenant sur les cyniques ce que nous avons appris de nos maîtres, et mettons-le au grand jour pour l'instruction de ceux qui ont embrassé ce genre de vie. Si je réussis à les convaincre, ils n'en seront pas moins bons cyniques, je crois ; si je ne les convaincs pas, et que, suivant une route brillante et glorieuse, ils se placent au-dessus de mes préceptes non point par leurs paroles, mais par leurs actions, mon discours n'y mettra point d'obstacle. Mais s'il en est qui, par gourmandise ou par mollesse, ou, pour tout dire en un mot, par asservissement aux plaisirs du corps, font fi de nos leçons et s'en moquent, comme les chiens qui pissent le long des propylées des écoles et des tribunaux, Hippoclide n'en a cure⁹⁸, et nous, nous n'avons nul souci des méfaits de ces petits aboyeurs.

3. Reprenons ici de plus haut, et divisons notre sujet par chapitres, afin que, donnant à chaque chose l'importance qu'elle mérite, nous trouvions plus facile ce que nous nous sommes proposé et que nous t'en rendions la marche plus aisée. Or, comme le cynisme est une des formes de la philosophie qui, loin d'être vile et méprisable, rivalise avec les plus célèbres, nous devons d'abord dire quelques mots de la philosophie elle-même. Le don que les dieux firent aux hommes par

---

⁹⁶ Voyez Diogène de Laërte à l'endroit cité, liv. VI, chap. I, p. 9.
⁹⁷ Voyez *Misopogon*, 3, où Julien raconte les maux qu'il a endurés pendant l'hiver passé à Lutèce.
⁹⁸ Lucien emploie aussi ce proverbe. *Apologie pour ceux qui sont aux gages des grands*, 15.   On en trouvera l'explication dans Hérodote, liv. VI, chap. 127 et suivants.

Prométhée du feu lumineux détaché du soleil et d'une portion de Mercure, n'est autre chose que la distribution de la raison et de l'intelligence. Car Prométhée, c'est-à-dire la Providence qui régit tous les êtres périssables, a donné pour organe à la nature un esprit empreint de chaleur, et leur a communiqué à tous une raison incorporelle. Chacun en a reçu la part qu'il a pu : les corps sans âme n'ont eu qu'un instinct d'habitude ; les plantes, la vie propre aux corps ; les animaux, une âme ; l'homme, une âme raisonnable. Quelques-uns pensent qu'une substance unique suffit pour tous les êtres ; d'autres, qu'il y a diverses substances, selon les espèces. Mais ce n'est point de cela qu'il s'agit. Ne cherchons plutôt dans le présent discours qu'à savoir si la philosophie est, comme certains le disent, l'art des arts, la science des sciences, le moyen d'approcher le plus près possible des dieux, ou bien si elle est contenue dans l'oracle d'Apollon Pythien : « Connais-toi toi-même. » Peu importe, du reste ; car tout cela revient au même et désigne un seul et même objet. Commençons toutefois par le mot : « Connais-toi toi-même, » vu que c'est un précepte divin. Celui qui se connaît lui-même saura d'abord ce qu'est son âme, et puis ce qu'est son corps[99]. Il ne lui suffira pas de savoir que l'homme est une âme qui se sert d'un corps[100]. Il examinera, en outre quelle est l'essence de cette âme ; il se mettra à la recherche de ses facultés ; et cela ne lui suffira point encore : il verra s'il n'existe pas en nous quelque chose de plus noble et de plus divin que l'âme, un principe que nous sentons en nous, sans l'avoir appris, que nous croyons être divin et que nous supposons tous résider dans le ciel. De là, il passera à l'examen des éléments de son corps, s'ils sont simples ou composés : et il étudiera, en poursuivant sa route, l'harmonie, les impressions, les forces, enfin tout ce qui en maintient l'ensemble. Il jettera un coup d'œil sur les principes de quelques arts, qui se proposent de venir en aide à la conservation du corps, par exemple la médecine, l'agriculture et autres semblables. Et si parmi ces connaissances, il en est d'oiseuses ou de surabondantes, il ne voudra pas les ignorer absolument, puisqu'elles ont été inventées pour soulager la partie affective de notre âme. Il craindra toutefois de se livrer exclusivement à cette étude : il en rougirait, et il évitera ce qui paraîtrait coûter trop de peine. Mais dans ce qu'elle a de général et dans ce qui se rattache à quelques dispositions particulières de l'âme, il n'y sera point étranger. Vois maintenant si le mot : « Connais-toi toi-même » n'est pas au-dessus de toute science, de tout art, et s'il ne renferme pas la raison générale des choses, le divin par la partie divine qui est en nous, et

---

[99] C'est la division du traité de Bossuet « De la connaissance de Dieu et de soi-même ».
[100] Ces mots rappellent la fameuse définition de Bonald : « L'homme est une intelligence servie par des organes. »

le mortel par la partie mortelle. Le dieu y comprend encore la raison des êtres mixtes par l'homme qui est un demi-animal, mortel dans son individualité et immortel dans son universalité, un et complexe, composé d'une portion qui meurt et d'une autre qui ne meurt pas.

4. Maintenant comment la ressemblance possible avec la Divinité n'est-elle autre chose qu'une connaissance des êtres proportionnée aux facultés humaines, c'est ce que nous allons voir clairement. Nous ne faisons point consister le bonheur de la Divinité dans la possession des richesses ni dans tout ce que l'on a coutume d'appeler biens, mais dans ce que désigne Homère dans cet hémistiche[101] :

...... Les dieux connaissent tout.

Et lorsqu'il dit de Jupiter[102] :

Jupiter, le plus vieux, connut le plus de choses.

En effet, c'est par la science que les dieux l'emportent sur nous, et peut-être leur plus grand bonheur est-il de se connaître eux-mêmes. Et d'autant que leur essence est supérieure à la nôtre, d'autant, en se connaissant eux-mêmes, ils ont une science plus relevée. Qu'on ne nous coupe donc point la philosophie en plusieurs fragments, qu'on ne la divise point en plusieurs tranches, ou plutôt que d'une science on n'en fasse point plusieurs. Comme la vérité est une, une est la philosophie[103]. Mais il n'est pas étonnant que nous y arrivions par un grand nombre de routes. S'il plaisait à quelque étranger, ou même, par Jupiter, à quelque ancien citoyen de retourner à Athènes, il pourrait s'y rendre par mer ou par terre : en allant par terre, il peut suivre, ce semble, les grandes routes ou prendre par des sentiers détournés et des chemins de traverse ; par eau, l'on peut longer les côtes ou cingler en pleine mer, à l'exemple du vieillard de Pylos[104]. Et qu'on ne m'objecte point que certains, ayant pris les mêmes routes, se sont cependant égarés dans je ne sais quels détours, et que, séduits par Circé ou par les Lotophages[105], c'est-à-dire par le plaisir, la gloire ou quelque autre appât, ils se sont

---

[101] *Odyssée*, IV, 379.
[102] *Iliade*, XX, 355.
[103] C'est le fond du dialogue le plus remarquable de Lucien, *Hermotimus ou les sectes*.
[104] Nestor. *Odyssée*, III, 178-9.
[105] Voyez Homère, *Odyssée*, X, ix.

arrêtés avant d'avoir atteint le but : il suffit de jeter les yeux sur les chefs d'école, et l'on verra qu'ils sont tous d'accord.

5. Ainsi le précepte du dieu de Delphes, c'est : « Connais-toi toi-même. » Héraclite dit à son tour : « Je me suis étudié moi-même. » Pythagore et tous ceux qui l'ont suivi, jusqu'à Théophraste, ont dit qu'il fallait se rapprocher le plus possible de la Divinité. C'est aussi la doctrine d'Aristote. Et de fait ce que nous sommes quelquefois, Dieu l'est toujours. Il serait donc absurde que Dieu ne se connût pas lui-même, puisque, s'il ne se connaissait pas, il ne connaîtrait rien des autres choses. Or, il est tout, et par conséquent il a en lui et près de lui les causes de tous les êtres, à savoir les causes immortelles des êtres immortels, et les causes, non pas précisément mortelles ou casuelles des êtres périssables, mais constantes et éternelles de la génération incessante de ces êtres. Mais en voilà bien long sur ce sujet. Le fait est que la vérité est une, et une la philosophie, qu'elle a pour amants tous ceux que je viens de dire tout à l'heure et ceux dont je pourrais aussi maintenant citer le nom, j'entends les disciples du philosophe de Cittium[106]. Ceux-ci voyant l'aversion des villes pour la liberté franche et crue du cynique, ont enveloppé sa doctrine d'une espèce de voile, en y rattachant l'économie, le négoce, l'union des sexes et l'éducation des enfants, dans l'intention, je crois, de faire entrer de plus près cette philosophie dans la garde des cités. Quant au précepte : « Connais-toi toi-même, » ils l'ont adopté comme base de leur système, ainsi qu'on peut s'en convaincre, si l'on veut, non seulement par les écrits qu'ils ont publiés sur cette maxime, mais mieux encore en considérant le but de la philosophie. En général, on a dit que ce but était de vivre conformément à la nature. Mais comment atteindre ce but si l'on ignore quel on est. Car un homme qui ne sait pas ce qu'il est ne saura certes point ce qu'il doit faire, de même que celui qui ne sait pas ce que c'est que le fer, ne saura pas s'il est propre ou non à couper ni ce qu'il faut faire pour qu'il coupe. Ainsi, la philosophie est une, et tous les philosophes, pour ainsi dire, tendant au même but, y arrivent par des routes différentes. Il suffit de l'avoir établi : passons maintenant à l'examen du cynisme.

6. Dans le cas où les auteurs qui ont écrit sur cette matière l'auraient fait sérieusement et non pas avec une pointe de plaisanterie, j'aurais à suivre leurs idées et j'essayerais une critique détaillée de leurs opinions. Si, par impossible, leurs opinions s'accordaient avec celles des anciens, l'on ne pourrait nous accuser de faux témoignage ; si elles en différaient, il faudrait les bannir de nos oreilles,

---

[106] Zénon.

comme les Athéniens rejettent les faux titres du Métroüm[107]. Mais j'ai dit qu'il n'en allait point ainsi. Par exemple, les fameuses tragédies de Diogène ont été faites, dit-on, par un certain Philistus, d'Egine[108]. En tout cas, elles seraient de Diogène, qu'il n'y aurait rien d'étrange à ce qu'un philosophe eût voulu plaisanter. Beaucoup de philosophes semblent en avoir fait autant[109]. On dit que Démocrite riait quand il voyait les hommes agir sérieusement. Gardons-nous donc de ne voir que les jeux de leur esprit et ne faisons pas comme ceux qui visitent, sans avoir le désir d'apprendre quelque chose d'utile, une cité ornée de monuments religieux, pleine de cérémonies mystérieuses et de milliers de prêtres purs, qui séjournent dans des endroits purs, et qui, pour maintenir cet état, c'est-à-dire la pureté de l'intérieur, en éloignent, comme autant d'embarras, d'immondices et de vilenies, les bains publics, les lupanars, les cabarets et tous les établissements du même genre. Supposons qu'on s'arrête à ces objets extérieurs, et qu'on ne pénètre point dans l'intérieur de la ville, et que, en les voyant, on se figure que c'est la ville même, on serait malheureux en la quittant à l'instant et plus malheureux encore en demeurant dans ces régions basses, lorsque, en s'élevant un peu, on pourrait voir Socrate[110]. Car je me sers ici des propres paroles d'Alcibiade faisant l'éloge de son maître, et je dis que la philosophie cynique ressemble beaucoup aux Silènes[111] qu'on voit devant les ateliers des statuaires, et auxquels les artistes font tenir des syrinx ou des flûtes : on les ouvre, et on aperçoit dans l'intérieur des statues de dieux. Ne tombons donc pas dans la même erreur en prenant au sérieux les plaisanteries de ces philosophes. Peut-être s'y trouve-t-il quelque chose d'utile, mais le cynisme est une tout autre affaire, comme j'essayerai bientôt de le démontrer. Poursuivons donc la discussion d'après les faits, et soyons comme des chiens de chasse qui courent sur la piste de la bête.

7. Il n'est pas facile d'indiquer le fondateur auquel il faut faire remonter la secte, bien que quelques-uns l'attribuent à Antisthène ou à Diogène. Car Œno-

---

[107] Voyez *Sur la Mère des Dieux*.
[108] Cf. Diogène de Laërte.
[109] « On ne s'imagine d'ordinaire Platon et Aristote qu'avec de grandes robes et comme des personnages toujours graves et sérieux. C'étaient d'honnêtes gens, qui riaient comme les autres avec leurs amis ; et quand ils ont fait leurs lois et leurs traités de politique, ç'a été en se jouant et pour se divertir. C'était la partie la moins philosophe et la moins sérieuse de leur vie. La plus philosophe était de vivre simplement et tranquillement. » Pascal, *Pensées*, partie I, article IX, 55, édit. Charpentier.
[110] Voyez Platon, Banquet, XXX.
[111] Platon, *id.*, XXXVI, à la fin, et XXXVII. —Cf. Xénophon, *Banquet*, IV, t. I, p. 219 de notre traduction, et Rabelais, prologue de *Gargantua*.

maüs[112] remarque avec raison qu'on dit le cynisme et non pas l'antisthénisme ou le diogénisme. Aussi les plus illustres des chiens prétendent-ils que le grand Hercule[113], qui a été pour nous l'auteur d'une infinité de biens, laissa aux hommes le glorieux modèle de ce genre de vie. Mais moi, qui aime à parler avec respect des dieux et des mortels qui se sont acheminés vers la vie immortelle, je suis convaincu que, avant Hercule, il y a eu des cyniques, non seulement chez les Grecs, mais chez les barbares. En effet, c'est une philosophie qui semble commune, toute naturelle, et qui ne donne pas grand embarras. Il suffit de choisir le bien par amour de la vertu et par fuite du vice. On n'a pas besoin de feuilleter des milliers de volumes, vu que l'érudition ne donne ni l'esprit, ni la force de supporter les inconvénients auxquels sont exposés ceux qui se livrent aux autres sectes. Tout se borne ici à écouter la voix d'Apollon Pythien quand il dit : « Connais-toi toi-même » et « Bats monnaie[114]. » On voit par là que le prince de la philosophie, celui de qui, selon moi, les Grecs ont reçu tous les autres biens, le chef commun, le législateur et le roi de la Grèce, c'est le dieu qui siège à Delphes. Et comme rien ne peut lui échapper, il n'est pas permis de croire qu'il ait ignoré le caractère propre de Diogène. Il n'agit donc pas avec lui comme avec les autres, cherchant à le convaincre en étendant ses conseils, mais il lui dit réellement ce qu'il veut dire en se servant d'une forme symbolique à l'aide de ces deux mots : « Bats monnaie. » En effet, Diogène n'est pas le premier à qui l'oracle ait dit : « Connais-toi toi-même. » Il l'a dit et il le répète à bien d'autres. Ce mot même, si je ne me trompe, est inscrit sur le temple. Nous avons donc trouvé le fondateur de notre philosophie, et nous en proclamons, avec le divin Jamblique, pour coryphées Antisthène, Diogène et Cratès[115], qui ont eu pour fin et pour but de leur vie, ce semble, de se connaître eux-mêmes, de mépriser les vaines opinions, et de se livrer, de toute leur intelligence, à la recherche de la vérité, le plus grand des biens et pour les dieux et pour les hommes, vérité, par amour de laquelle Platon, Pythagore, Socrate et les péripatéticiens se sont décidés à tout souffrir, en travaillant à se connaître, à s'éloigner des opinions vaines et à poursuivre ce qu'il y a de vrai dans les êtres. Or, puisqu'il paraît clair que Platon n'eut pas d'autre doctrine que Diogène, mais qu'ils s'unirent tous deux dans un sentiment commun, si l'on pouvait demander au sage Platon : « Quel cas fais-tu du précepte "Connais-toi toi-même ?" », je suis sûr qu'il répondrait :

---

[112] Cynique, qui a fait un livre contre les oracles cité par Eusèbe.
[113] Cf. Lucien, *le Cynique* et *Banquet ou les Lapithes*, 16.
[114] Voyez pour l'explication de ce second précepte le commencement de la biographie de Diogène dans Diogène de Laërte, à l'endroit cité.
[115] Voyez ces trois mots dans Diogène de Laërte, t. II, p. 1, 10 et 44 de la traduction Zévort.

"Je le mets au-dessus de tout." » Et c'est ainsi qu'il le fait dans son *Alcibiade*[116]. « Continue donc, ô divin Platon, rejeton des dieux! Apprends-nous comment il faut envisager les opinions du vulgaire. » Pour répondre à cet appel, il nous prierait de lire en entier son dialogue intitulé *Criton*, où il fait dire à Socrate[117]: « Mais, mon bon Criton, que nous fait à nous l'opinion du vulgaire? » De quel droit alors, au mépris de ces faits, séparerions-nous, comme par une muraille, ces hommes unis par le même amour de la vérité, le même dédain de la gloire, la même conspiration zélée pour la vertu? Eh quoi! Platon aura, dans ses discours, proclamé les mêmes préceptes que Diogène s'est contenté de mettre en pratique, et pour cela vous calomnierez ce dernier? Craignez, au contraire, qu'il n'ait tout l'avantage. Platon, en effet, semble désavouer ses écrits. Il n'y en a pas un seul qui porte le nom de Platon; tous ceux qu'il a publiés sont sous le nom de Socrate, homme illustre et nouveau.

8. Cela étant, pourquoi n'étudierions-nous pas le cynisme dans les propres actions de Diogène? Le corps humain a ses parties essentielles, c'est-à-dire les yeux, les pieds, les mains, et ses parties accessoires, les cheveux, les ongles, la crasse et autres superfluités du même genre, sans lesquelles le corps ne formerait pas un tout complet. Or, celui-là ne serait-il pas ridicule, qui prendrait pour les parties essentielles les ongles, les cheveux, la crasse et les superfluités désagréables, au lieu des parties relevées et nobles, qui sont le siège des sens et les organes propres de l'intelligence, je veux dire les yeux et les oreilles? Ce sont là, en effet, les agents de la pensée, soit parce que, l'âme étant comme enfouie en eux, ils y éveillent plus vite le principe et la force invincible de cette pensée, soit que, suivant quelques philosophes, l'âme se répande par eux comme par des canaux. Car c'est, dit-on, en rassemblant les rapports des sens divers et en les renfermant dans la mémoire qu'elle enfante les sciences. Pour moi, je ne saurais comprendre que les choses sensibles puissent être perçues autrement que par un principe soit incomplet, soit parfait, mais plus ou moins gêné par la variété des objets qui sont du domaine de la perception extérieure. Mais cette question ne sert de rien pour le moment. Je reviens donc aux différentes branches de la philosophie cynique. Les cyniques ont divisé leur philosophie en deux parties, comme Aristote et comme Platon, la théorie et la pratique, sachant bien, pour y avoir réfléchi, que l'homme est de sa nature propre à l'action et à la spéculation.

---

[116] *Premier Alcibiade*, chap. XXIV et suivants. Voyez dans l'édition spéciale de Stallbaum, p. 277 et suivantes.
[117] Chap. III. Voyez p. 158 de l'édition spéciale de G. Stallbaum.

Que dans la physique ils aient incliné vers la théorie, il n'importe guère. Socrate aussi et un grand nombre d'autres se sont servis beaucoup de la théorie, mais ils ne l'ont fait que pour arriver à la pratique, puisqu'ils n'ont vu dans le précepte « Connais-toi toi-même » que la nécessité d'étudier avec soin ce qu'il faut accorder à l'âme et ce qu'il faut accorder au corps : à l'âme, la prééminence, au corps, la sujétion. Et voilà pourquoi nous les voyons cultiver la vertu, la tempérance, la modestie, la liberté, et se tenir loin de toute jalousie, de toute timidité, de toute superstition. Mais il est des points sur lesquels nous ne pensons pas comme eux, et nous croyons qu'ils plaisantent et qu'ils jouent aux dés ce qu'ils ont de plus cher, quand ils se montrent si dédaigneux du corps. Je conviens que Socrate a dit avec justesse que la philosophie est une préparation à la mort[118]. Mais des hommes qui font de cet exercice une occupation journalière, ne nous paraissent point dignes d'envie. Ce sont des malheureux, des gens qui me paraissent tout à fait insensés, s'ils supportent tous les maux, comme tu le dis toi-même, pour une vaine gloire. Car comment d'autres auraient-ils loué en eux jusqu'à l'abstinence des viandes crues ? Toi-même tu ne saurais l'approuver. Et tandis que tu copies le manteau et la chevelure d'un tel, comme les portraits sont les copies des personnes, pourquoi penserais-tu que ce que tu ne juges point digne d'admiration puisse ravir celle du vulgaire ? Qu'un ou deux y aient applaudi, passe encore ; mais cette pratique a soulevé des nausées et un dégoût invincible dans l'estomac de cent mille autres, et ils ont renoncé à tout aliment, jusqu'à ce que leurs serviteurs les eussent remis par des odeurs, des parfums et des apéritifs. Tant l'exemple de ce héros philosophique a réellement frappé de stupeur ! Cependant quoique cette action soit tournée en ridicule

Parmi tous les mortels qui vivent aujourd'hui[119],

elle n'a rien d'ignoble, j'en atteste les dieux, si on la juge d'après la sage intention de Diogène. Car, comme Socrate dit de lui-même que, se croyant obligé envers la Divinité d'accomplir, selon son pouvoir, l'oracle dont il était l'objet, il avait choisi le métier de critique, ainsi Diogène se sentant appelé, je crois, à la philosophie par un oracle pythien[120], crut devoir tout soumettre à son examen personnel et ne point s'en remettre à l'opinion des autres, qui pouvait être vraie

---

[118] Dans le *Phédon*, chap. IX. Cicéron a répété cette parole dans les *Tusculanes*, I, 31. Montaigne a écrit l'un de ses plus beaux chapitres sur le même sujet : Que philosopher c'est apprendre à mourir. *Essais*, I, chap. XIX.
[119] *Iliade*, V, 304.
[120] Voyez les premiers chapitres de *l'Apologie de Socrate* de Platon, et *L'Apologie* de Xénophon.

sur ce point-ci, mais fausse sur celui-là. Ainsi ni Pythagore, ni tout autre philosophe aussi distingué que Pythagore ne parut digne de créance à Diogène : c'est un dieu et non pas un homme qu'il regardait comme inventeur de la philosophie. Mais qu'est-ce que cela, diras-tu, peut avoir de commun avec le mets du polype ? Je vais te l'expliquer.

9.   Les uns prétendent que l'homme est carnivore de sa nature, d'autres soutiennent que la chair ne lui convient pas. Aussi a-t-on beaucoup disputé pour et contre ; et, si tu veux te donner la peine d'étudier la question, tu trouveras sur ce sujet des essaims de volumes. Diogène a voulu vérifier le fait par l'expérience. Il s'est dit que si quelqu'un mangeant de la chair sans aucun apprêt, comme le font les animaux dont c'est l'instinct naturel, loin d'en éprouver aucun dommage, y trouvait au contraire un aliment utile à son corps, on devait en conclure que l'homme est essentiellement carnivore ; mais que, s'il en résultait quelque accident, il fallait croire que, sans doute, cette nourriture ne convient pas à l'homme et qu'il doit absolument s'en abstenir. Peut-être trouvera-t-on que cette première raison du fait est un peu forcée : en voici une seconde qui paraîtra plus appropriée au cynisme, quand j'aurai expliqué plus clairement le but de cette secte. Ce but c'est l'apathie[121], état qui semble faire de l'homme un dieu. Or, Diogène, qui se sentait apathique pour tout le reste, ayant observé que sa répugnance et ses nausées provenaient plutôt d'un asservissement aux préjugés qu'à la raison, puisque la viande, fut-elle mille fois cuite, coupée et assaisonnée de mille manières, n'en est pas moins de la viande, résolut de s'affranchir et de se faire complètement indépendant de cette faiblesse. Car c'est une faiblesse, sache-le bien, que ce dégoût. Dis-moi, en effet, pourquoi, préférant la chair cuite aux dons de Cérès, nous ne la servons pas au naturel. Tu n'en saurais donner d'autre raison, sinon que c'est un usage et que nous y sommes accoutumés. Car si les viandes ne sont pas impures avant d'être cuites, elles ne deviennent pas plus pures par la cuisson. Que devait donc faire celui que le dieu lui-même avait établi comme chef pour abolir toute monnaie, c'est-à-dire pour ne juger des choses que d'après la raison et la vérité ? Devait-il s'en laisser imposer par l'opinion au point de croire que la viande cuite est pure et mangeable, et que, si elle n'a point passé par le feu, elle est impure et détestable ? Tu as assez peu de mémoire et de discernement pour reprocher à Diogène, que tu traites de vaniteux, et que j'appelle, moi, le serviteur le plus dévoué et le ministre du dieu pythien, d'avoir mangé un polype ! Et tu manges, toi, mille mets assaisonnés,

---

[121]   L'impassibilité.

> Poissons, oiseaux et tout ce que prennent tes mains [122] ;

et tu es un Égyptien, non pas de la caste des prêtres, mais de celle qui mange de tout et que la loi autorise à se nourrir même des légumes du jardin ? Tu connais, je crois, les paroles des Galiléens. J'allais oublier de dire que tous les hommes qui habitent près de la mer et que quelques-uns de ceux qui en sont éloignés avalent, sans les approcher du feu, des oursins, des huîtres, et généralement tous les animaux du même genre. Eh bien, tu les croiras à l'abri du blâme, et tu regarderas Diogène comme un malheureux et un être immonde, sans réfléchir que, dans l'un et l'autre cas, ce sont toujours des chairs que l'on mange, avec cette différence que les unes sont molles et les autres dures, et que, si le polype n'a pas plus de sang que les testacés, les testacés, à leur tour, sont tout aussi animés que le polype, c'est-à-dire susceptibles de plaisir et de douleur, ce qui est le propre de tout être animé. Peu nous importe ici l'opinion de Platon qui veut que les plantes aussi soient animées. Le fait est que l'illustre Diogène n'a point commis un acte odieux, illégal, ni même contraire à l'usage, à moins qu'on ne veuille juger du fait d'après la dureté ou la mollesse du mets, et le plaisir ou le déplaisir qu'il procure au gosier. Voilà, je pense, qui est évident pour quiconque raisonne. Ne réprouvez donc pas l'usage des viandes crues, vous qui en faites autant quand vous mangez, non seulement des êtres qui n'ont pas de sang, mais des animaux qui en ont. La seule différence entre vous et Diogène, c'est que Diogène usait des viandes telles que la nature les lui donnait, tandis que vous assaisonnez les vôtres de mille ingrédients, pour votre plaisir et pour faire violence à la nature. Mais c'en est assez sur ce sujet.

10. Le but et la fin de la philosophie cynique, comme de toute philosophie, c'est le bonheur. Or, le bonheur consiste à vivre selon la nature et non selon l'opinion du vulgaire. D'où il suit que l'on estime heureux les végétaux et les animaux, quand chacun d'eux atteint sans obstacle le but que la nature leur assigne. Il en est de même pour les dieux : le terme de leur bonheur est d'être ce que comporte leur nature. Ainsi, ne prenons pas la peine de chercher où se cache le bonheur. Ni l'aigle, ni le platane, ni pas un autre des oiseaux ou des végétaux ne prend de souci pour se parer d'ailes ou de feuilles d'or : il ne souhaite point avoir des bourgeons d'argent, des éperons et des ergots de fer, que dis-je ? de diamant. Les ornements que la nature leur a tout d'abord départis, s'ils sont solides et s'ils contribuent à leur vitesse ou à leur vigueur, chacun d'eux les estime suffisants et

---

[122] *Odyssée*, XII, 331.

s'en contente. Comment donc ne serait-il point ridicule de voir l'homme seul chercher le bonheur au dehors, dans la richesse, la naissance, la puissance de ses amis, et mille autres avantages, en un mot, qu'il place au-dessus de tout le reste? Si la nature nous eût donné, comme aux animaux, des corps et des âmes semblables aux leurs, sans rien de plus, nous n'aurions pas à nous préoccuper au-delà. Il ne nous resterait comme aux animaux, qu'à nous contenter des biens corporels et qu'à faire effort pour trouver notre bonheur. Mais, outre que l'âme qui est en nous ne ressemble point à celle des animaux, soit qu'elle en diffère essentiellement, soit que, tout en étant de la même substance, elle jouisse d'une plus grande énergie, comme l'or pur. à mon avis, est de beaucoup supérieur aux paillettes d'or mêlé de sable, car cette opinion sur l'âme est considérée comme la vraie par plusieurs philosophes, nous n'en sommes pas moins convaincus que nous surpassons en intelligence tous les animaux, et que, selon le mythe de Protagoras[123], comme la nature s'est montrée mère généreuse et magnifique envers les animaux, Jupiter nous a doués de la faculté de penser, pour nous tenir lieu de tout. C'est donc dans cette partie la principale et la plus essentielle de notre être qu'il faut placer le bonheur.

11. Vois maintenant si telle ne fut pas la devise de Diogène, qui assujettit son corps à tous les travaux, pour augmenter ses forces naturelles; qui ne voulut faire que ce que sa raison approuvait, et dont l'âme ne prit jamais part à ces troubles qui résultent du corps, et que nous sommes souvent forcés de subir par suite du mélange des deux principes de notre être. C'est par de tels exercices que ce grand homme acquit une force de corps comparable, ce semble, à celle des athlètes les plus distingués par leurs couronnes, et qu'il sut rendre son âme capable d'un bonheur égal à celui d'un monarque, ou tout au moins du prince que les Grecs nommaient le grand roi, c'est-à-dire le roi des Perses. Comment voir un homme sans valeur dans celui,

> Qui, n'ayant ni cité, ni maison, ni patrie[124],

ne possédant pas même une obole, une drachme, un esclave, pas même un biscuit, aliment qui suffisait à Épicure pour se croire aussi fortuné que les dieux, ne

---

[123] Dans quelque fable allégorique qui n'est point parvenue jusqu'à nous. Protagoras, connue Prodicus de Céos, aimait sans doute à semer ses leçons de paraboles et d'allégories. Voyez Diogne de Laërte, trad. Zévort, t. II, p. 215.
[124] Cf. Diogène de Laërte, à l'endroit cité p. 18.

prétendit pas rivaliser de bonheur avec les dieux, mais se vanta d'être plus heureux que le plus heureux des hommes ? Si tu ne veux pas m'en croire, embrasse, non pas de nom, mais de fait, le genre de vie de ce philosophe, et tu verras. Mais d'abord, montrons ce qu'il était par le raisonnement. Ne te semble-t-il pas que, pour les hommes, le plus grand de tous les biens, le plus vanté de tous, c'est la liberté ? Pourrais-tu ne pas en convenir, puisque les richesses, la fortune, la naissance, la force du corps, la beauté et tous les biens de même sorte, sans la liberté, ne sont point à celui qui paraîtrait en jouir, mais au maître qui le possède ? Qu'entendons-nous donc par esclave ? Est-ce l'homme que nous achetons quelques drachmes d'argent, ou deux mines ou deux statères d'or[125] ? Tu diras sans doute que c'est en effet là un esclave. Et à quel titre ? Parce que nous avons compté pour lui au vendeur une certaine somme d'argent. Mais, sur ce pied, ceux-là aussi sont esclaves que nous délivrons moyennant une rançon. Car les lois ne leur accordent la liberté que lorsqu'ils sont réfugiés dans leurs foyers, et cependant nous les rachetons, non point pour qu'ils continuent d'être esclaves, mais pour qu'ils soient libres. Tu vois donc qu'il ne suffit pas de payer une somme d'argent pour qu'un homme soit esclave quand il a été racheté ; mais celui-là est véritablement esclave qui a un maître autorisé à exiger de lui qu'il fasse tout ce qu'on lui ordonne, à le châtier cas de refus, et, comme le dit le poète[126] :

À sévir contre lui par des peines cruelles.

Vois, en outre, si nous n'avons pas autant de maîtres qu'il existe d'êtres, dont nous sommes forcés de dépendre, pour n'avoir à redouter ni souffrance, ni douleur de leurs châtiments. À moins que tu ne considères uniquement comme châtiment de lever un bâton et d'en frapper un esclave. Car les maîtres, même les plus emportés, n'en usent point ainsi envers tous leurs esclaves ; souvent ils se contentent de paroles et de menaces. Ne te crois donc pas libre, mon ami, tant que ton ventre te commande ainsi que les parties qui sont au-dessous du ventre, puisque tu as des maîtres qui peuvent t'accorder ou te refuser le plaisir, et lors même que tu pourrais t'affranchir de leur joug, tant que tu es esclave de l'opinion du vulgaire, tu n'as point touché la liberté, tu n'en as point goûté le nectar.

J'en jure par celui qui révèle à notre âme

---
[125] La drachme valait près d'un franc, la mine cent drachmes, le statère d'or vingt drachmes.
[126] Homère, *Iliade*, v. 766.

Le quaternaire[127], éclat de la céleste flamme.

Et je ne dis pas seulement que jamais le respect humain ne doit nous empêcher de faire notre devoir, mais j'entends que, sur les actions dont nous nous abstenons et sur celles qu'il nous plaît de faire, ce n'est pas le vulgaire qu'il faut consulter pour juger si ce que nous faisons et ce dont nous nous abstenons est bon ou mauvais, mais s'il nous est interdit par la raison ou par le dieu qui est en nous, c'est-à-dire l'intelligence. Rien n'empêche que le gros des hommes ne suive les opinions du vulgaire : cela vaut mieux que de ne rougir de rien, attendu que les hommes ont un penchant naturel pour la vérité. Mais l'homme qui vit d'après son intelligence et qui sait trouver et discerner les véritables raisons des choses, ne doit point s'en rapporter aux opinions du vulgaire pour savoir s'il agit bien ou mal. Il y a dans notre âme une partie plus divine, que nous nommons esprit, sagesse, raison silencieuse, et dont l'interprète est le langage oral, le discours composé de noms et de verbes. À cette partie en est jointe une autre, variée, diverse, mêlée de colère et de passion, vrai monstre à plusieurs têtes. La question est de savoir si nous devons heurter de front et sans sourciller les opinions du vulgaire, avant d'avoir dompté le monstre et de l'avoir forcé à obéir au dieu qui est en nous, ou plutôt à la partie divine. En effet, nombre de sectateurs de Diogène ont été des brise-tout, des imprudents, des gens au-dessous de la bête fauve. Mais comme ce n'est point mon affaire, je raconterai ici un trait de la vie de Diogène, dont plusieurs riront sans doute, mais qui me paraît à moi fort sérieux.

12.   Un jeune homme, dans une foule où était Diogène, s'étant mis à péter,

---

[127] On peut voir l'explication de ce mot sacramentel dans Lucien, *Sectes à l'encan*, 4. «Pythagore. Ensuite tu apprendras à compter. — Le marchand. Je sais compter. — Pythagore. Comment comptes-tu? — Le marchand. Un deux, trois, quatre. — Pythagore. Attention! Ce que tu crois être quatre, c'est dix, c'est le triangle parlait, c'est notre serment. — Le marchand. J'en jure par quatre, le grand serment, je n'ai jamais ouï langage plus divin et plus sacré.» En effet, l'addition des quatre premiers nombres donne le nombre 10 : 1 + 2 + 3 + 4 = 10.   Quant au triangle parfait, ce n'est autre chose que le triangle équilatéral, représenté de cette manière par Pythagore :

```
      *
     * *
    * * *
   * * * *
```

Chacun des côtés se compose du nombre quatre, qui servait ainsi aux pythagoriciens de formule de serment. Le voici tel qu'il existe dans les Vers dorés : « J'en jure par celui lui donne à notre âme le quaternaire, source de principes de la nature éternelle!»

Diogène lui donna un coup de bâton, en disant: « Comment, coquin, tu n'as jamais eu le cœur de faire en public quelque belle action, et tu commences par braver l'opinion publique ! » Il pensait donc qu'un homme doit savoir se rendre maître du plaisir et de la colère avant d'en venir à la troisième épreuve, à la plus décisive, c'est-à-dire l'affranchissement de l'opinion. De là, mille causes de maux pour un grand nombre. Et ne vois-tu pas que c'est pour détourner les jeunes gens de la philosophie qu'on fait courir tous ces bruits sur les philosophes ? On dit que les disciples de Pythagore, de Platon et d'Aristote ne sont que des jongleurs, des sophistes, des vaniteux, des empoisonneurs, et le plus digne d'admiration parmi les cyniques on le regarde en pitié. Je me rappelle avoir entendu mon gouverneur me dire un jour, en voyant un de mes compagnons, Iphiclès, la chevelure négligée, la poitrine débraillée et un méchant manteau dans le cour de l'hiver : « Quel mauvais génie l'a donc réduit à une pareille détresse pour son malheur, et plus encore pour celui de ses parents qui l'ont élevé avec le plus grand soin et qui lui ont donné l'éducation la plus parfaite ? Comment, après avoir tout abandonné, mène-t-il une vie errante comme les mendiants ? » Je lui répondis par je ne sais quelle pointe ironique. Tu vois par là ce que pense le gros des hommes sur les vrais chiens. Et ce n'est point encore ce qu'il y a de plus grave. Mais ne remarques-tu pas qu'on s'habitue à aimer la richesse et à détester la pauvreté, à faire un dieu de son ventre, à supporter toute peine en vue du corps, à engraisser cette prison de l'âme, à entretenir une table somptueuse, à ne jamais coucher seul la nuit, à faire tout ce qui peut s'envelopper de ténèbres ? Tout cela n'est-il pas pire que le Tartare ? Ne vaut-il pas mieux être jeté dans Charybde, dans le Cocyte, ou englouti à dix mille orgyes[128] sous terre que de tomber dans une pareille vie, esclave des parties honteuses et du ventre : et cela non pas simplement, à la manière des bêtes sauvages, mais en mettant tout en œuvre pour couvrir ces infamies d'une discrète obscurité ? Combien n'eut-il pas été mieux de s'en abstenir ? Ou, si ce n'était pas chose facile, les préceptes de Diogène et de Cratès à cet égard n'étaient donc pas à dédaigner. « La faim, disent-ils, énerve l'amour : si tu ne peux pas l'endurer, la corde[129] ! » Ne vois-tu pas que ces grands maîtres ont vécu de la sorte pour mettre les hommes en voie de frugalité ? « Ce n'est point parmi les mangeurs de biscuit, disait Diogène, que l'on trouve des tyrans, mais parmi ceux qui font de somptueux repas. » Cratès composa un hymne en l'honneur de la frugalité :

---

[128] Mesure de longueur de près de deux mètres.
[129] Voyez la vie de Cratès ; dans Diogène de Laërte, t. II, p. 45, trad. Zevort.

> Salut, des gens de bien sainte divinité,
> Fille de la Sagesse, ô toi, Frugalité !

13. Qu'un cynique ne soit donc pas à la façon d'Œnomaüs, un chien impudent, un éhonté, qui méprise les choses divines et humaines, mais un homme qui respecte la Divinité, comme le fut Diogène. Diogène se montra docile au dieu pythien, et il ne se repentit pas de sa docilité. Si, de ce qu'il n'entrait point respectueusement dans les temples, de ce qu'il ne s'inclinait ni devant les statues, ni devant les autels, on prenait cela pour une marque d'athéisme, on le jugerait mal. Il n'avait ni encens, ni libation, ni argent pour en acheter. Bien penser des dieux lui suffisait. Il les adorait de toute son âme, leur offrant selon moi, ce qu'il avait de plus précieux, une âme sanctifiée par leur pensée. Il faut donc qu'un cynique ne soit pas sans pudeur, mais que, guidé par la raison, il tienne sous le joug la partie passionnée de son âme, de manière à la détruire et à ne pas sentir qu'il est au-dessus de toutes les voluptés. Mieux vaut encore en être au point d'ignorer complètement l'influence des sens ; mais nous n'arrivons là que par un long exercice. Du reste, pour qu'on ne suppose pas que j'invente ces doctrines, je vais transcrire quelques vers, où s'est joué l'esprit de Cratès[130] :

> Filles de Mnémosyne et du maître des dieux,
> Muses de Piérie, écoutez ma prière.
> Que mon ventre ait toujours l'aliment nécessaire,
> Qui peut, sans m'asservir, satisfaire à ses vœux.
> Utile à mes amis, mais non point débonnaire,
> Loin de moi des palais les trésors fastueux !
> Le sort de la fourmi, les biens du scarabée,
> Sont la seule richesse où mon âme prétend.
> Mais aspirer vers toi, Justice vénérée,
> Te posséder enfin, est-il bonheur plus grand ?
> Si j'y parviens, Mercure et les Muses propices
> Recevront de mes mains, non le sang des génisses,
> Mais les dons vertueux de mon cœur innocent.

S'il fallait m'étendre à ce sujet, j'aurais encore beaucoup de choses à te dire concernant ce philosophe. Mais en recourant à Plutarque de Chéronée, qui a

---

[130] Imitation des vers de Solon, dont on trouvera le texte dans le recueil des poètes gnomiques grecs de Boissonade, p. 94.

écrit une biographie de Cratès[131], il ne te restera rien à apprendre sur son compte. C'est de Cratès que Zénon apprit ses dogmes sublimes, et l'on dit que les Grecs en son honneur inscrivaient sur les propylées de leurs maisons : « Entrée pour Cratès, heureux génie[132]. »

14. Mais revenons à ce que nous disions plus haut, qu'il faut, quand on se met à être cynique, commencer par censurer sévèrement ses propres défauts et se les reprocher sans aucune indulgence. On doit s'interroger le plus exactement possible pour voir si l'on est trop enclin à la bonne chère, si l'on a besoin d'un lit bien mou, si l'on est sensible aux honneurs ou à la gloire, si l'on aime à se faire remarquer, et si toutes ces vanités semblent pourtant précieuses. Que le cynique ne se conforme pas aux mœurs de la multitude, qu'il ne touche pas aux plaisirs même du bout du doigt, comme l'on dit, jusqu'à ce qu'il soit parvenu à les fouler aux pieds : alors, si l'occasion s'en présente rien ne l'empêchera d'y goûter. Ainsi, nous dit-on, les taureaux, qui se sentent faibles, s'isolent parfois du troupeau et paissent à part, pour essayer leurs forces pendant quelque temps, puis ils reviennent défier les anciens chefs de bande et se mesurer avec eux pour s'assurer la supériorité dont ils se croient plus dignes. Ainsi, quand on veut être cynique, il ne suffit pas de prendre le manteau, la besace, le bâton et la chevelure, et de marcher comme dans un village où il n'y a ni barbier ni maître d'école, mal peigné et illettré ; il faut avoir pour bâton la raison, pour besace cynique la constance, vrais attributs de la philosophie. On aura son franc-parler quand on aura montré tout ce qu'on peut valoir. Ainsi firent, je pense, Cratès et Diogène, tous deux si éloignés de redouter les menaces, ou plutôt les caprices et les insultes avinées de la fortune, que Diogène se moqua des pirates qui l'avaient pris, et que Cratès, après avoir vendu ses biens à la criée, riait lui-même des difformités de son corps, de sa jambe boiteuse et de ses épaules bossues. Cependant, il fréquentait, appelé ou non, les maisons de ses amis, afin de les réconcilier s'il apprenait qu'ils fussent en brouille. Il les reprenait sans amertume et même avec grâce, de manière que, sans dire du mal de ceux qu'il voulait corriger, il leur rendait ses leçons utiles ainsi qu'à ceux qui l'écoutaient. Mais ce n'était point là le but principal de ces hommes éminents. Comme je l'ai dit, ils cherchèrent avant

---

[131] Cet ouvrage a péri avec d'autres biographies du même auteur. Voyez Albert Lion, *Commentat. de ordine quo Plutarcirus vitas scripserit*, p. 15, et cf. G. Vossius, *Hist. gr.*, p. 251, édit. Westermann.
[132] Selon Diogène de Laërte, Xéniade de Corinthe, qui avait acheté Diogène, disait partout : « Un bon génie est entré dans ma maison. » Voyez Diogène de Laërte à l'endroit cité, trad. Zévort, p. 39.

tout le moyen de vivre heureux, et ils ne se soucièrent des autres qu'autant qu'ils savaient que l'homme est de sa nature un être communicatif et sociable. Voilà pourquoi ils furent utiles à leurs concitoyens non seulement par leurs exemples, mais aussi par leurs discours. Ainsi, quiconque veut être cynique et homme de bien doit, avant tout, s'occuper de lui-même, comme Diogène et Cratès. Qu'il bannisse de toute son âme toutes les passions, et qu'il se gouverne par la droite raison et par le bon sens qui est en lui. Tel est, ce me semble, le point capital de la philosophie de Diogène.

1. Bien que, un jour, Diogène ait eu commerce avec une fille publique, ce qui lui arriva peut-être une fois, et pas même une fois, un homme qui, dans tout le reste, ne sera pas moins digne de respect que Diogène, agit-il ainsi au grand jour et sous les yeux de tous, n'encourra ni notre blâme, ni nos accusations, pourvu toutefois qu'il nous reproduise la solide instruction de Diogène, sa pénétration, sa franchise parfaite, sa tempérance, sa justice, sa sagesse, sa piété, sa grâce, son attention à ne rien faire d'irréfléchi, d'inutile, de contraire à la raison ; car ce fut là le caractère propre de la philosophie de Diogène ; qu'il foule aux pieds la vanité, qu'il se moque de ceux qui se cachent pour satisfaire leurs besoins naturels, et j'entends par là les déjections du ventre, qui, au milieu des places publiques et des villes, commettent des actes violents et contraires à notre nature, vols d'argent, calomnies, procès iniques, et mille autres vexations odieuses. S'il est vrai, comme on le dit, que Diogène ait pété sur l'agora, qu'il avait soulagé son ventre, ou fait quelque autre chose pareille [133], ce n'était que pour mater l'orgueil des autres et pour leur apprendre qu'ils avaient des goûts bien plus vils et bien plus abjects. Ces besoins, en effet, sont une suite de notre nature, tandis que tous les vices pour ainsi dire sont chez qui que ce soit une suite de dépravation. Mais les modernes sectateurs de Diogène, imitant de sa conduite le plus facile et le plus léger, n'ont pas vu le meilleur. Et toi, qui veux être plus respectable qu'eux, tu t'es si gravement mépris sur son plan de conduite que tu l'as cru malheureux. Si tu t'en étais fié à ce qu'on a dit de cet homme éminent que tous les Grecs de son temps ont admiré après Socrate, Pythagore, Platon et Aristote, qui eut pour auditeur le maître du très sage et très intelligent Zénon [134], si bien qu'il n'est pas croyable que tout le monde se soit trompé sur le compte d'un homme aussi méprisable que tu le dis, mon cher ami, dans un style comique, peut-être alors l'aurais-tu examiné de plus près et ton expérience serait-elle allée plus loin dans

---

[133] Voyez Diogène Laërte à l'endroit cité p. 23 et 36.
[134] Cratès.

l'examen de ce sage. Car quel est celui des Grecs que n'ont pas frappé d'étonnement la constance et la patience de Diogène, comparées à la somptuosité d'un roi ? Il dormait mieux sur une natte, dans son tonneau, que le grand roi sous des lambris dorés, sur une couche moelleuse. Il mangeait son biscuit avec plus de plaisir que toi, dans ce moment, les mets siciliens. En sortant d'un bain chaud, il séchait son corps à l'air plus philosophiquement que tu ne t'essuies avec du linge fin. Il te convient bien de lancer contre lui tes brocards comiques, et tu le crois vaincu par toi comme Xerxès par Thémistocle ou Darius par Alexandre de Macédoine. Mais si tu avais quelque goût pour la lecture ainsi que nous, homme de politique et d'affaires, tu saurais qu'Alexandre admira, dit-on, la grandeur d'âme de Diogène[135].

Mais tu te soucies fort peu de tout cela, ce me semble ; il s'en faut de beaucoup, et tu gardes ton admiration pour la vie morte de quelques misérables femmes. Si donc mon discours a produit un meilleur effet sur toi, c'est ton avantage plus que le mien. Mais si je n'ai rien gagné avec cet impromptu, écrit tout d'une haleine, travail surérogatoire de deux jours, comme le savent les Muses et toi-même qui me connais de longue date, je ne me repentirai point cependant d'avoir écrit l'éloge d'un grand homme.

---

[135] Voyez Diogène de Laërte à l'endroit cité p. 16 et 18.   —Cf. Plutarque, *Alexandre*, 14.

CONTRE LE CYNIQUE HÉRACLIUS [136]

Sommaire

Sortie contre un cynique qui a débité dans une lecture publique des contes de nourrice et des fables absurdes. — Julien va le réfuter. — Réhabilitation de l'apologie. — Généalogie de la fable. — C'est l'école des peuples enfants. — Hésiode, Archiloque, Ésope de Samos, les cyniques, ont employé les fables pour instruire les hommes. — Il faut les imiter, mais l'imitation consiste imiter le bien et non pas le mal. — Diogène et Cratès ne doivent être imités que dans ce qu'ils ont de bon dans leur conduite. — Quelques traits de la vie de Diogène. — Vers de Cratès. Emploi des fables en vue de l'utilité des auditeurs et des lecteurs. — Véritable but de la mythographie. — Explication du mythe d'Hercule et du mythe de Bacchus. — Le cynique qu'il combat est loin d'en avoir usé de la sorte. — Portrait du vrai cynique. — Ce que c'est qu'une fable bien faite. — Exemple qu'en donne Julien. — Sa biographie racontée sous forme allégorique. — Nouvel éloge du cynisme et de Diogène. — Conclusion.

1. « Il arrive bien des choses dans un long espace de temps. » Cet adage de la comédie, que je connaissais déjà, je fus tenté de le proclamer naguère, à la séance où nous avons entendu un chien aboyer d'une voix qui n'était ni claire, ni noble, et nous chanter des contes de nourrice, cousus ensemble sans jugement. Tout d'abord, il me vint à l'esprit de me lever et de dissoudre l'assemblée. Cependant, comme on est obligé au théâtre d'écouter les comédiens qui se moquent d'Hercule et de Bacchus [137], je demeurai, moins pour l'orateur que pour l'auditoire, et, s'il faut parler franchement, pour moi-même, afin de ne pas avoir l'air, par superstition plutôt que par une pensée pieuse et raisonnable, d'être effrayé de ce verbiage et de m'être envolé comme une troupe de colombes. J'aurais pu me dire à moi-même :

Courage ! tu souffris des malheurs plus funestes [138] ;

---

[136] Ce discours fait suite au précédent, et il paraît avoir été écrit de même en 362. Julien semble s'adresser à un auditoire, mais rien ne prouve qu'il ait lu ce morceau dans une séance.
[137] Aristophane, dans quelques-unes de ses comédies, notamment dans les *Grenouilles*, ne se montre guère respectueux envers Bacchus.
[138] Homère, *Odyssée*, XX, 18.

supporte un chien qui déraisonne une partie du jour : ce n'est pas la première fois que tu entends blasphémer contre les dieux. Les affaires de l'État ne vont pas assez bien, nos affaires privées ne nous trouvent pas assez sages, et nous ne sommes point assez heureux, pour avoir les oreilles pures et pour que nos yeux ne soient point souillés par les impiétés de toute sorte de ce siècle de fer. Et, comme si nous manquions de maux de ce genre, il fallait qu'un chien nous remplît de ses blasphèmes et profanât le nom du plus puissant des dieux. Plût au ciel qu'il n'eût point parlé ainsi et que vous n'eussiez rien entendu de semblable ! Mais voyons ; essayons de lui donner une leçon. Commençons par lui apprendre qu'il convient mieux à un chien d'écrire des discours que des fables ; puis, disons-lui quels sujets de fables il faut choisir, s'il est vrai que le philosophe ait besoin de se faire mythographe ; après quoi, je dirai quelques mots sur la piété envers les dieux. Tel est le motif qui me fait paraître devant vous, quoique je ne sois point écrivain de profession et que jusqu'ici j'aie toujours considéré le discours public comme un exercice désagréable et sophistique. Je débuterai par un léger aperçu sur ce que l'on pourrait appeler la généalogie de la fable, et peut-être aurai-je aussi bonne grâce à en parler que vous à m'entendre.

2. Quel est l'inventeur de la fable, qui essaya le premier de rendre la fiction vraisemblable pour l'utilité ou pour le charme des auditeurs, il est aussi impossible de le savoir que de découvrir qui a éternué ou craché le premier. De même que les premiers cavaliers se virent en Thrace et en Thessalie, et les premiers archers dans l'Inde, dans la Crète et dans la Carie, vu que la nature du pays favorisa, ce semble, ces genres d'inventions, ainsi doit-on présumer que les autres arts, en honneur dans les autres pays, eurent une origine tout à fait semblable, et que les gens du peuple furent, dans l'origine, les inventeurs de la fable, qui est encore chez eux en usage aujourd'hui : absolument comme les instruments de musique, la flûte et la cithare, inventés pour plaire et pour charmer. Il est si naturel aux oiseaux de voler, aux poissons de nager et aux cerfs de courir, qu'ils n'ont pas besoin de l'apprendre : on aurait beau gêner et comprimer ces animaux, ils n'en essayeraient pas moins d'accomplir les fonctions pour lesquelles ils se sentent nés : il en est de même, je pense, de l'espèce humaine, dont l'âme n'est autre chose qu'une sorte de raison ou de science captive que les savants appellent une force, laquelle tend à s'instruire, à faire des recherches, et à se donner de la peine pour accomplir l'œuvre qui lui est dévolue. Ainsi, du moment qu'une divinité bienfaisante se hâte de rompre ces liens, et de donner l'essor à cette force, aussitôt la science se produit. Quant à ceux qui sont encore enchaînés, semblables,

selon moi, à celui qui n'embrassa qu'une statue à la place de la divinité même[139], leur âme s'épuise en vain. Ils se croient parvenus à la science du réel, et ils ne trouvent que des images et des ombres ; ils croient tenir le vrai, et ce ne sont que mensonges, qu'ils s'empressent d'apprendre et de transmettre comme quelque chose d'utile et d'admirable.

3. S'il faut, d'après cela, faire l'apologie des premiers inventeurs de fables, ils ne paraissent avoir fait pour l'âme des hommes encore enfants que ce que font les nourrices qui, voulant aider le travail de la dentition chez leurs nourrissons, leur attachent aux mains des morceaux de cuir, dont ils calment leurs douleurs. Ainsi, les mythologues, voyant l'âme toute jeune, aux ailes naissantes, désireuse d'apprendre, mais ne pouvant pas encore élever son vol vers la vérité, lui ont donné un véhicule ; et, comme ces cultivateurs qui arrosent une terre altérée, ils ont cherché à calmer son ardeur et sa souffrance. Quand la fable eut fait des progrès et qu'elle fut devenue florissante chez les Grecs, les poètes en tirèrent l'apologue, qui diffère de la fable, en ce que celle-ci s'adresse à des enfants, et l'apologue aux hommes, non seulement pour leur plaire, mais aussi pour leur donner des conseils. Son but secret est de conseiller et d'instruire, mais l'auteur évite de parler trop ouvertement, afin de ne point irriter ceux qui l'écoutent. Ainsi paraît avoir fait Hésiode[140]. Archiloque, après lui, comme pour assaisonner ses poésies, se servit souvent de fables, voyant que le sujet qu'il traitait[141] avait besoin de pareils charmes, et sachant mieux encore que la poésie, sans la fiction, n'est qu'une prose versifiée, et qu'elle est privée, pour ainsi dire, d'elle-même, si bien qu'il ne reste plus de poésie. Il emprunta donc ces assaisonnements à la muse poétique, et il en rehaussa ses œuvres afin de ne point passer pour un sillographe[142], mais pour un poète. Mais l'Homère, le Thucydide, le Platon de la fable, ou de quelque nom que vous vouliez le nommer, c'est Ésope de Samos, esclave par choix plutôt que par le hasard de la naissance, homme qui ne manqua ni de raison, ni

---

[139] Le texte est mutilé dans cet endroit, et par conséquent la porte est ouverte aux suppositions. Ce n'est pas, je pense, se jeter dans une hypothèse par trop risquée que de voir ici une allusion à la fable d'Ixion, caressant un fantôme substitué à Junon par Jupiter. Voyez Lucien, Sixième dialogue des dieux.
[140] Voyez la charmante légende de Pandore, *Travaux et jours*, v. 38 et suivants ; et la fable de l'Épervier et le Rossignol, *ibid.*, v. 185 et suivants.
[141] La satire. — Il ne reste rien d'Archiloque, dont Horace, Velléius Paterculus et Quintilien faisaient si grand cas. Un savant allemand, J. G. Husche, a fait paraître une dissertation en latin (Altenbourg, 1803) sur les fables d'Archiloque. — Cf. Lucien, *le Pseudologiste* 1 et 2. T. II, p. 95 de notre traduction.
[142] Les silles étaient des poésies légères et moqueuses, sans valent littéraire.

de finesse, mais qui à défaut du franc-parler que la loi lui refusait, répandit sur ses conseils la variété du charme et de la grâce. Ainsi, je vois que les médecins de condition libre prescrivent ce qu'ils jugent nécessaire, mais l'homme, qui est à la fois esclave de naissance et médecin de profession, a fort à faire, contraint qu'il est de flatter et de guérir son maître.

4. Si notre cynique se trouve dans une semblable servitude, qu'il parle, qu'il écrive : chacun lui accordera le rôle de mythologue ; mais s'il se prétend seul libre, je ne vois pas quel usage il fera des fables. Serait-ce pour adoucir, par un mélange de plaisir et de grâce, l'amertume et le mordant de ses conseils et pour éviter, tout en rendant service, le mal qu'il pourrait craindre de son acheteur ? Ce serait être par trop servile. À ce compte on s'instruirait mieux, en ne considérant pas les objets mêmes, en n'appelant pas les choses par leur nom, comme le comique appelle barque une barque[143]. Mais en place de dire untel, il faut l'appeler Phaéton. C'est, selon moi, profaner le nom du Roi Soleil. Quel est celui des hommes rampant ici-bas que l'on s'aviserait d'appeler Pan ou Jupiter, par un abus inconsidéré de la pensée ? Et, le mériteraient-ils, mieux vaudrait encore les appeler tout simplement des hommes. Tout au moins faudrait-il leur donner des noms humains ou même ne leur en point donner du tout, car il suffit de ceux que nous tenons de nos parents. Somme toute, puisque la fiction ne rend pas la science plus facile et que de pareilles inventions ne conviennent pas à un cynique, pourquoi ne renoncerions-nous pas à cette dépense superflue, pourquoi perdrions-nous le temps à forger, à arranger, à écrire et à apprendre des récits fabuleux ? Mais peut-être, si la raison s'oppose à ce qu'un cynique, qui se dit seul libre, vienne étaler, dans une grande assemblée, le mensonge au lieu de la vérité, la fiction au lieu du réel, il a pour lui la coutume établie par Diogène, par Cratès et ainsi de suite. Eh bien, tu n'en trouveras pas un seul, exemple. Je n'ai donc pas besoin de dire qu'un cynique, chargé de battre monnaie[144], dut être peu soucieux de la coutume, qu'il ne prit conseil que de sa raison, et qu'il trouva chez lui ce qu'il devait faire sans l'apprendre au dehors. Il est vrai qu'Antisthène, disciple de Socrate, et que Xénophon ont énoncé quelques vérités sous des formes allégoriques ; mais il ne faut pas t'y tromper, et j'en reparlerai avec toi un peu plus loin.

5. Maintenant, au nom des Muses, dis-moi si ce n'est pas pousser le cy-

---

[143] On ne sait à quel comique attribuer cette locution proverbiale employée aussi par Lucien, *Comment on doit écrire l'histoire*, 41.
[144] Voyez le discours précédent, 7.

nisme jusqu'à la démence que de prendre les mœurs et le caractère, non pas d'un homme, mais d'une bête sauvage, qui ne songe à rien de beau, d'honnête et de bon ! Or, voilà ce qu'Œnomaüs nous donne occasion à tous de supposer sur sa personne, et, pour peu que tu prennes soin de l'examiner, tu jugeras comme moi de ce chien, d'après son langage égoïste, son *Traité des oracles*, en un mot, d'après tous ses écrits. Admettre cette doctrine, anéantir tout respect envers les dieux, c'est déshonorer toute sagesse humaine, c'est fouler aux pieds non seulement toutes les lois de l'honneur et de la justice, mais celles que les dieux ont comme gravées dans nos âmes, et par lesquelles nous savons, sans l'avoir appris, qu'il existe un être divin, sur qui se portent nos regards et nos aspirations, et vers lequel nos âmes se dirigent comme nos yeux vers la lumière. En second lieu, c'est détruire cette seconde loi, naturelle et divine, qui nous défend d'attenter aux droits d'autrui ou de leur porter la moindre atteinte par nos discours, par nos actions, par les mouvements secrets de notre âme, et qui nous sert de guide vers la justice la plus parfaite. Un pareil homme ne mérite-t-il pas d'être jeté dans un gouffre ? Et ceux qui approuvent ses doctrines ne devraient-ils pas, comme des empoisonneurs, être, je ne dis pas chassés à coups de thyrse, peine trop légère pour de pareils forfaits, mais périr écrasés sous des pierres ? Car, au nom des dieux, en quoi diffèrent-ils, je te le demande, des brigands, qui infestent les déserts, ou des pirates qui longent la côte pour dépouiller les navigateurs ? On dit qu'ils méprisent la mort, comme si ces derniers n'étaient pas pris de la même folie. C'est ce que dit votre poète et mythologue. Comme Apollon Pythien répondant à des pirates qui l'interrogeaient, ce héros, ce demi-dieu de la poésie dit de ceux qui infestent les mers :

> Tels on voit sur les flots des pirates errants [145]
> Braver la mort…

Quelle autre preuve cherches-tu de la démence de ces brigands ? À moins qu'on ne trouve ces pirates plus courageux que les cyniques et les cyniques plus téméraires que ces pirates. Car ces derniers, ayant conscience de leur conduite indigne, hantent les lieux déserts, moins par crainte de la mort que par un sentiment de honte. Ceux-là, au contraire, se promènent en public, renversent tous les usages communs, non pas pour rendre la société meilleure et plus pure, mais pour la faire pire et plus corrompue. De nos jours, plusieurs d'entre eux sont devenus plus réservés, mais la plupart ont commencé par l'effronterie.

---

[145] Homère, *Odyssée*, III, 73.

6. Les tragédies qui portent le nom de Diogène[146], et qui sont, de l'aveu général, l'œuvre de quelque cynique, bien qu'il y ait doute sur un seul point, à savoir si elles sont du maître lui-même ou de Philistus, son disciple, comment, si on les a lues, ne pas les détester et ne pas croire qu'elles dépassent les bornes les plus hyperboliques de l'abomination ? Mais on a les tragédies d'Œnomaüs, écrites d'un style analogue à ses traités : or, c'est l'infamie des infamies, le comble des fléaux, à ne pas savoir à quoi les comparer : ce sont les maux des Magnésiens, le mal termérien[147], auxquels on peut ajouter toutes les tragédies, avec les drames satiriques, les comédies et les mimes[148] : tant l'art de l'écrivain se plaît à y accumuler un tas incroyable de turpitudes et de folies. Si donc on prétend, sous prétexte de montrer ce que c'est que le cynisme, blasphémer contre les dieux et aboyer contre tout le monde, ce que je disais en commençant, qu'on parte, qu'on s'en aille vivre en quelque coin de la terre que l'on voudra. Mais si, battant monnaie, comme le dieu l'ordonne à Diogène, on met en pratique ce conseil du dieu équivalent à ce « Connais-toi toi-même », que Diogène et Cratès se sont proposé de réaliser dans toutes leurs actions, je n'hésiterai point à dire que c'est une entreprise digne d'un homme qui veut être chef d'école et philosopher. Car que dit le dieu, selon nous ? Il enjoignit à Diogène de mépriser l'opinion du vulgaire, et d'altérer non la vérité, mais la monnaie. Et le « Connais-toi toi-même », à quoi devons-nous le rapporter ? À la monnaie ? Ou bien devons-nous y voir une allusion à la vérité, en ce sens que l'altération de la monnaie ne s'opère que par la connaissance de soi-même. Car celui qui, sans égard pour l'opinion courante, va droit à la vérité, jugera moins de ce qui le concerne par ce que les autres en pensent que par ce qui existe réellement. Par conséquent, celui qui se connaît lui-même saura parfaitement ce qu'il est et non ce qu'on se le figure. Dirons-nous que le dieu pythien n'est pas véridique, et que Diogène a eu tort de lui obéir ?

---

[146] Voyez Diogène de *Laërte*, t. II, p. 38, trad. Zévort.
[147] On entend, par les maux de Magnésiens, les ravages que Gygès, roi de Lydie, fit dans leur pays pour venger l'outrage fait à Magnès de Smyrne, jeune poète et musicien, son favori. Plutarque, *Sur les oracles rendus en vers*, dit que les Magnésiens offraient à Apollon les prémices de leurs hommes, « le recognoissant non seulement comme donateur des biens de la terre, mais aussi des enfans, et comme autheur de la génération et amateur des hommes. » Quant au mal termérien, voici ce qu'en dit Plutarque, Thésée, 11 : « Ainsi rompit-il la teste à Termerus, dont est encores jusques aujourdhuy demeuré le proverbe du *mal terme rien*, parce que ce Termnerus avoit accoustumé de faire ainsi mourir ceux qu'il rencontroit, en choquant de sa teste contre la leur. »
[148] Julien n'aimait point le théâtre, ainsi qu'on le voit par deux on trois passages du *Misopogon*. Aussi ne craint-il pas d'assimiler toute espèce de tragédie, de comédie, de drame satirique ou de mime aux drames obscènes d'Œnomaüs. Ses idées, sous ce rapport, sont celles des Pères de l'Eglise.

Mais, en lui obéissant, au lieu d'être un exilé, il est devenu plus grand que le roi des Perses. La renommée, en effet, nous apprend qu'il fut admiré du vainqueur même de la puissance persane, d'un héros dont les exploits rivalisent avec ceux d'Hercule et d'Achille [149]. Ne jugeons donc pas de la conduite de Diogène envers les dieux et envers les hommes d'après les discours d'Œnomaüs ou les tragédies de Philistus, odieux menteur, qui fit insulte à une tête divine, en les donnant sous le nom de Diogène, mais connaissons ce qu'il a été d'après ce qu'il a fait.

7. Diogène vint à Olympie [150]. Pourquoi, par Jupiter! Pour voir les combattants? Comment! n'était-il pas à portée de les voir, sans se donner de peine, aux jeux Isthmiques ou aux Panathénées? Voulait-il se rencontrer avec les plus illustres des Grecs? Est-ce qu'ils ne venaient pas en foule à l'Isthme? Tu ne peux lui supposer d'autre motif que celui de rendre hommage à la Divinité. On dit qu'il n'avait pas peur de la foudre; ni moi non plus: j'ai vu mainte et mainte fois des phénomènes célestes, et je n'ai pas eu peur. Et cependant je crains les dieux, je les aime, je les respecte, je les adore, et, pour tout dire en un mot, j'ai pour eux les mêmes sentiments qu'on a pour de bons princes, des maîtres, des parents, des tuteurs, et tous ceux qui ont des titres semblables. Or, voilà pourquoi j'eus grande peine l'autre jour à ne pas lever le siège en entendant tes paroles. Aussi je ne sais pas comment j'ai pu traiter cette matière; peut-être eussé-je mieux fait de garder le silence. Diogène, disions-nous, pauvre et léger d'argent, vint à Olympie. Il donna l'ordre à Alexandre de venir le trouver, s'il faut en croire Dion [151]. Ainsi croyait-il de son devoir d'aller aux temples des dieux, tandis qu'il assignait un rendez-vous au plus grand monarque de son temps. Et quand il écrit à Alexandre, ne sont-ce pas des conseils sur la royauté? Diogène n'était pas seulement pieux en paroles, mais en actions. Il avait élu domicile à Athènes; mais le dieu lui ayant ordonné de se transporter à Corinthe, Diogène, affranchi par son acheteur [152], ne voulut plus quitter cette ville. Il était convaincu que les dieux veillaient sur lui, et que ce n'était pas en vain ni par hasard qu'ils l'avaient envoyé à Corinthe, où il vit que le luxe était plus grand que dans Athènes et que cette ville avait besoin d'un censeur plus rigide et plus courageux.

8. Te faut-il d'autres exemples? N'avons-nous pas de Cratès de nombreux échantillons poétiques, élégamment tournés, qui témoignent de sa piété, de sa

---

[149] Alexandre le Grand.
[150] Sur ce voyage, C f. Diogène de Laërte, t. II, p. 31, trad. Zévort.
[151] Dion Chrysostome, dans son quatrième discours *Sur les vertus d'un prince*.
[152] Xéniade.

vénération envers les dieux ? Écoute-les de notre bouche, si tu n'as pas eu le loisir de les apprendre déjà [153] :

> Filles de Mnémosyne et du maître des dieux,
> Muses de Piérie, écoutez ma prière.
> Que mon ventre ait toujours l'aliment nécessaire,
> Qui peut, sans m'asservir, satisfaire à ses vœux.
> Utile à mes amis, mais non point débonnaire,
> Loin de moi des palais les trésors fastueux !
> Le sort de la fourmi, les biens du scarabée,
> Sont la seule richesse où mon âme prétend.
> Mais aspirer vers toi, Justice vénérée,
> Te posséder enfin, est-il bonheur plus grand ?
> Si j'y parviens, Mercure et les Muses propices
> Recevront de mes mains, non le sang des génisses,
> Mais les dons vertueux de mon cœur innocent.

Vois-tu comme ce grand homme, loin de blasphémer contre les dieux, ainsi que tu le fais, leur adresse ses prières ? Or, toutes les hécatombes du monde ne sont pas comparables à la sainteté, que le divin Euripide a justement célébrée dans ce vers :

> Sainteté, sainteté, vénérable déesse !

Ignores-tu que les offrandes, petites ou grandes, faites aux dieux, avec la sainteté, ont une égale valeur, et que, sans la sainteté, non seulement, une hécatombe, mais, j'en atteste le ciel, une chiliombe [154] offerte à Olympie est une dépense superflue, et rien de plus ? Voilà, je crois, comment Cratès nous apprend que la sainteté de ses mœurs lui suffisait pour chanter les louanges des dieux, et c'est de la sorte qu'il enseigne aux autres à préférer, dans les choses saintes, non le luxe à la sainteté, mais la sainteté au luxe. Ainsi ces deux grands hommes religieux envers la Divinité, n'attiraient point à eux de nombreux auditoires, et ils n'entretenaient pas leurs amis, comme les sages du jour, au moyen d'allégories et de fables. Euripide dit avec beaucoup de sens [155] :

---

[153] Vers déjà cités dans le discours précédent.
[154] Sacrifice de mille bœufs.
[155] *Phéniciennes*, v. 469.

> Le vrai, pour s'exprimer, n'a qu'un simple langage,

et il n'y a, selon lui, que le menteur et l'injuste qui aient besoin de s'envelopper d'ombre. Or, quelle fut la conduite de nos philosophes? Leurs actions précèdent leurs paroles. Quand ils louent la pauvreté, on voit qu'ils ont commencé par sacrifier leurs biens héréditaires. S'ils font profession de modestie, ils ont d'abord fait preuve en tout de simplicité. Quand ils proscrivent de la vie des autres l'appareil théâtral et pompeux, ils ont commencé par se loger sur les places publiques et dans les temples des dieux. Avant de faire une guerre de paroles à la volupté, ils l'ont combattue par leurs actions, prouvant par des faits et non par de vaines criailleries, qu'il est possible de régner avec Jupiter, lorsqu'on n'a presque aucun besoin et qu'on n'est point importuné par le corps. Enfin, ils reprenaient les fautes lorsque vivaient encore ceux qui les avaient commises, et ils n'invectivaient pas contre les morts, auxquels pardonnent volontiers des ennemis modérés. Du reste, le vrai chien n'a point d'ennemis, pas même celui qui maltraiterait son pauvre corps, déchirerait sa renommée, le calomnierait ou l'accablerait d'invectives. En effet, l'inimitié ne peut s'exercer que contre un rival. Or, un homme placé au-dessus de toute rivalité, est honoré, d'ordinaire, de la bienveillance publique. Et si quelqu'un éprouve à son égard un sentiment contraire, comme on voit tant de gens, par exemple, en éprouver à l'égard des dieux, il n'est point vraiment l'ennemi d'un sage auquel il ne peut nuire, mais il se punit lui-même en se privant de connaître meilleur que lui et en demeurant privé de son secours.

9. Si je me proposais ici de traiter spécialement du cynisme, j'aurais à en dire tout autant que ce que j'en ai déjà dit. Mais, pour ne point m'écarter de mon sujet, examinons immédiatement quels doivent être les écrivains qui composent des fables. Peut-être cette recherche doit-elle être précédée de la question de savoir à quelle branche de la philosophie se rattache la mythographie. Car je la vois employée et par des théologiens et par des philosophes. Tel fut Orphée, le plus ancien des philosophes inspirés, et quelques autres après lui. Xénophon cependant Antisthène et Platon font un assez fréquent usage de fables[156]. Nous voyons donc que, si la mythographie ne convient point au cynique, elle peut convenir à un autre philosophe. Disons un mot, à ce propos, des parties et des

---

[156] Voyez particulièrement, dans Xénophon, l'Apologue d'Hercule entre le Vice et la Vertu, reproduit par Cicéron et par saint Basile; et dans Platon, le mythe qui termine le *Gorgias*. Du reste, Julien explique plus loin sa pensée et allègue ces exemples.

organes de la philosophie. Il n'y a pas grand inconvénient à encadrer la logique avec la physique et la morale, car elle entre nécessairement dans l'une et dans l'autre. Mais chacune de ces divisions peut se subdiviser, à son tour, en trois parties. La physique comprend la théologie, les mathématiques et une troisième étude qui a pour objet les êtres qui naissent et qui périssent, les êtres éternels et la théorie des corps, relativement à l'essence et à la nature de chacun d'eux[157]. La philosophie pratique, bornée à l'individu, prend le nom de morale ; étendue à une famille, c'est l'économie ; à une cité, c'est la politique. La logique est démonstrative, quand elle se fonde sur l'évidence ; contentieuse, quand elle use de raisons probables ; paralogistique, quand elle recourt à des raisons qui n'ont que l'apparence de la probabilité. Telles sont, si je ne me trompe, les parties intégrantes de la philosophie et il ne serait pas étonnant qu'un soldat, comme moi, ne les sût pas exactement, et qu'il ne connût pas sur le bout du doigt des matières dont je parle moins par la pratique des livres que d'après ce que m'en a montré l'usage. Vous pouvez être là-dessus mes témoins, si vous voulez calculer d'une part les jours qui se sont écoulés depuis la dernière séance à laquelle j'ai assisté, et d'autre part le nombre des occupations qui ont rempli cet intervalle. Par conséquent, s'il se trouve une lacune dans ce que j'ai dit, et je crois qu'il n'y en a point, on sera mon ami et non pas mon ennemi en me la signalant. Ces divisions établies, la mythographie n'est du ressort ni de la logique, ni de la physique, ni des mathématiques, mais plutôt de la morale bornée à l'individu ou de la partie de la théologie qui traite des initiations et des mystères. Car la nature aime les secrets ; et elle ne souffre pas qu'on transmette, en termes nus, aux oreilles profanes, l'essence cachée des dieux. Or, si la nature mystérieuse et inconnue des symboles peut-être utile non seulement aux âmes, mais aux corps et nous faire jouir de la présence des dieux, il me semble que souvent aussi le même effet peut être produit par les fables, attendu que les choses divines, que ne pourraient recevoir purement et simplement les oreilles du vulgaire, s'y coulent au moyen d'une mise en scène mythique. On voit nettement par là quelle est la branche philosophique à laquelle se rattache la mythographie[158], et mon dire s'appuie du choix qu'en ont fait les hommes qui l'ont employée. Ainsi, Platon a mêlé un grand nombre de mythes à sa théologie sur les enfers : avant lui le fils de Calliope[159] en avait fait autant. À leur tour, Antisthène, Xénophon et Platon lui-même, chaque fois qu'ils ont eu à traiter des sujets de morale, y ont introduit des mythes, non pas

---

[157] C'est la science laquelle on a donne le nom d'ontologie, la science de l'être.
[158] Il manque quelques mots dans le texte.
[159] Orphée.

comme accessoires, mais avec un soin très réel. Si tu voulais les imiter, il fallait au nom d'Hercule substituer celui de Persée ou de Thésée, et reproduire la manière d'Antisthène; au lieu de la mise en scène de Prodicus, il fallait faire paraître sur ton théâtre une troisième divinité semblable aux deux autres.

10. Comme j'ai fait aussi mention des fables mystiques, essayons maintenant de déterminer par nous-même celles qui s'approprient à chacun des deux genres. Nous n'aurons pas autant besoin du témoignage des anciens. Suivons les traces récentes d'un homme[160], que, après les dieux, je révère et j'admire à l'égal d'Aristote et de Platon. Il ne parle pas de toutes les fables en général, mais des fables mystiques que nous a transmises Orphée, l'instituteur des plus sacrés mystères. Ce qu'il y a d'invraisemblable dans les fables est à ses yeux une voie qui conduit à la vérité. Ainsi, plus une allégorie tient du paradoxe et du prodige, plus il semble qu'elle nous avertisse de ne pas nous en tenir aux faits, mais de chercher attentivement ce qu'ils déguisent, et de n'avoir point de cesse que la vérité, mise sous nos yeux par les dieux qui nous guident, n'ait initié, ou pour mieux dire, n'ait rendu parfait notre esprit ou ce qu'il y a en nous de supérieur à l'esprit, j'entends cette partie de l'être unique et bon, que nous possédons d'une manière indivisible ce complément de l'âme, confondue tout entière avec l'être unique et bon, grâce à la présence supérieure, communicative et souveraine de ce même être. Mais à propos du grand Bacchus[161], je me sens pris de je ne sais quel transport et j'entre en délire. Je mets donc un bœuf à ma langue[162]. Il ne faut pas révéler les mystères sacrés. Puissent seulement les dieux rendre ces mystères profitables à moi et à tous ceux d'entre vous qui n'y sont pas initiés ! Bornons-nous donc à ce qu'il est à la fois permis de dire et d'entendre ; à ce qui n'entraîne de mal ni pour l'un ni pour l'autre. Tout discours se compose de la parole et de la pensée. La fable étant une sorte de discours, elle se compose de ces deux éléments. Faisons-en l'analyse. Dans tout discours la pensée est simple ou bien figurée : on citerait mille exemples des deux espèces. La pensée une et simple n'admet point de variété ; la pensée figurée est susceptible de plusieurs formes différentes, que tu dois connaître, si tu t'es un peu occupé de rhétorique. Or, la plupart de ces formes conviennent à la fable. Je ne parlerai pas de toutes, ni même du plus grand nombre, mais de deux seulement, la forme grave et la forme allégorique de la pensée, qui se rencontrent également dans la diction. Car on emploie des

---

[160] Jamblique.
[161] Voyez *Sur le Roi soleil*, 11.
[162] Expression proverbiale tirée de l'amende qui frappait les indiscrets, et les révélateurs des mystères. Ils étaient obligés de payer une pièce de monnaie athénienne représentant un bœuf.

images et des figures dans tout ce qu'on n'exprime pas au hasard, dans toutes les phrases qui n'entraînent pas, comme un torrent, un ramas de trivialités. Il faut donc se servir de ces deux formes quand on invente quelque fable où la Divinité joue un rôle : les paroles doivent être graves, la diction mesurée, belle, digne de la majesté divine : rien de bas, de blasphématoire, d'impie, de peur de porter la multitude à cette impudence sacrilège, ou de peur d'être soupçonnés nous-mêmes d'impiété envers les dieux. Il faut encore que la diction n'ait rien d'allégorique : tout y doit être décent, beau, majestueux, divin, pur et assorti, autant que possible, à la nature des dieux.

11.   Cependant, il est des cas où la forme allégorique de la pensée peut être de mise en vue d'un but d'utilité, afin que les hommes n'aient pas besoin de faire appel à une explication étrangère, mais que, instruits par la fable même, ils en pénètrent le sens mystérieux et qu'ils désirent, guidés par les dieux, poursuivre plus vivement leurs recherches. Ainsi, j'ai entendu dire à plusieurs, que Bacchus fut un homme, puisqu'il naquit de Sémélé, mais que, devenu dieu par l'initiation théurgique, comme le grand Hercule par sa vertu royale, il fut transporté dans l'Olympe par son père Jupiter. Eh ! mon ami, dis-je alors, vous ne comprenez donc pas le sens allégorique de ce mythe ; comment la génération d'Hercule, ainsi que celle de Bacchus, a quelque chose de grand, de supérieur, de sublime, bien qu'elle demeure en apparence dans la mesure de la nature humaine et qu'elle soit jusqu'à un certain point assimilée à la nôtre ? On dit qu'Hercule fut enfant, et que son corps divin prit un accroissement successif ; on raconte qu'il eut des maîtres, qu'il fit des campagnes, qu'il fut partout victorieux, mais que son corps finit par se fatiguer. Tout cela est possible, mais cependant au-dessus de la nature humaine ; par exemple, lorsque, dans ses langes, il étouffe les dragons, lorsqu'il lutte contre les éléments de la nature, la chaleur et le froid, et surtout contre ce qu'il y a de plus irrésistible, de plus insurmontable, je veux dire la faim et la solitude. Joignez-y la mer traversée par lui, dit-on, dans une coupe d'or[163], que je ne crois pas, les dieux m'en sont témoins, une coupe véritable, mais je pense qu'il traversa la mer à pied sec. Car qu'y a-t-il d'impraticable à Hercule ? Qui n'eût cédé à ce corps si divin et si pur, puisque tout ce qu'on nomme élément obéissait à la puissance organisatrice et perfective de cet esprit pur et sans mélange que le grand Jupiter place sous la tutelle de Minerve Pronoée, déesse émanée tout entière de son être tout entier, après l'avoir engendré pour être le

---

[163] Cette légende se trouve dans plusieurs poètes, dont les fragments sont cités par Athénée, XI, 38 et 39.

sauveur du monde, et qu'il rappelle ensuite vers lui par le feu de la foudre, signe divin de lumière éthérée qui intime au fils l'ordre de remonter au ciel[164]. Puisse, à ce propos, Hercule nous être propice, à vous et à moi-même !

1. Ce qu'on raconte de la naissance de Bacchus, qui n'est point une vraie naissance, mais une manifestation divine, semble avoir également quelque rapport avec les choses humaines. Sa mère, dit-on, étant enceinte de lui, trompée par la jalouse Junon, supplia son amant de venir auprès d'elle comme il le faisait auprès de son épouse. La chambre qu'elle habitait, ne pouvant supporter l'éclat de Jupiter, est brûlée par la foudre. Pendant que tout est en flammes, Jupiter ordonne à Mercure d'enlever Bacchus, et il le renferme dans sa cuisse ouverte et recousue. Lorsque l'embryon est arrivé à terme, Jupiter, pris des douleurs de l'enfantement, est délivré par les Nymphes, qui tirent l'enfant de la cuisse, en chantant des dithyrambes et le mettent au jour. Bacchus, dit-on, fut rendu fou par Junon, mais la Mère des dieux le guérit de sa maladie. Alors, il devint dieu tout de suite. À sa suite il n'avait pas, comme Hercule, un vaisseau, ou bien Hylas, Télamon, Ajax, Abdère[165], mais un Satyre, des Bacchantes, des Pans, une armée de génies. Tu vois ce qu'il y a d'humain dans cette génération par la foudre, mais l'enfantement est plus humain encore : il n'y a donc rien que d'humain dans ces deux opérations. Laissant ainsi de côté la partie légendaire, que ne remarquons-nous d'abord que Sémélé était savante dans les choses divines ? Elle avait pour père le Phénicien Cadmus. Or, la Divinité a rendu témoignage à la sagesse de ce peuple, en disant :

En Phénicie on sait tous les trajets des dieux.

Il me semble donc que Sémélé sut la première, en Grèce, qu'un dieu allait paraître, et que, ayant prédit sa venue prochaine, elle donna, plus tôt qu'il ne convenait, le signal des orgies en son honneur, sans attendre le terme fixé, et

---

[164] On ne peut douter que Julien ne fasse ici une allusion moqueuse aux dogmes les plus respectés de la religion chrétienne.
[165] On sait l'histoire d'Hylas, favori d'hercule, emmené par ce héros sur le vaisseau des Argonautes, et enlevé par les nymphes des eaux éprises de sa beauté. — Télamon, roi de Salamine, ami d'Hercule, l'aida quand il assiégea Troie. — Hercule, voulant récompenser Télamon de l'hospitalité qu'il en avait reçue, pria Jupiter de lui donner un fils vaillant et invulnérable. Jupiter exauça sa prière, et, pour en faire voir un signe certain, il envoya vers eux un aigle, ce qui valut à l'enfant le nom d'Ajax, fils de l'aigle. — Abdère, écuyer d'Hercule, fut dévoré par les cavales de Diomède. C'est en son souvenir qu'Hercule fonda la ville à laquelle il donna le nom de son ami.

qu'ainsi elle fut consumée par le feu tombé sur elle. Puis, lorsqu'il plut à Jupiter de procurer aux hommes un nouvel ordre de choses, et de les faire passer de la vie nomade à une vie plus civilisée, Bacchus, génie visible, part des Indes, parcourt les villes, conduisant avec lui une armée de démons, et donne à tous les hommes en commun, pour symbole de sa manifestation, le cep de la vigne douce, dont le nom grec me semble choisi pour exprimer l'adoucissement introduit dans les mœurs [166]. Sa mère est appelée Sémélé, en raison de la prédiction qu'elle avait faite [167] et parce que le dieu lui-même l'honorait comme la première hiérophante de sa future apparition.

13. D'après cet exposé historique, qu'il faut étudier avec beaucoup d'attention, ceux qui recherchent quel était le dieu Bacchus ont donné un tour mythique, comme je l'ai dit, à un fond de vérité. Ils ont figuré par une allégorie la substance de ce dieu comme conçue par son père parmi les êtres intelligents, et comme production éternelle dans le monde et dans tout l'univers [168]. Il ne m'est pas facile d'indiquer ici en détail toutes les recherches qu'il y aurait à faire sur ce sujet, d'abord parce que j'ignore à cet égard l'exacte vérité, ensuite parce que je ne veux pas exposer, comme sur un théâtre, ce dieu, tout ensemble caché et manifeste, à des esprits peu clairvoyants et tournés vers de tout autres pensées que la philosophie. Laissons à Bacchus la science de lui-même ; mais je le prie de pénétrer mon âme et la vôtre de ce saint délire qui nous porte à la véritable connaissance des dieux, de peur que, privés trop longtemps de la présence bachique du dieu, nous ne subissions le sort de Penthée [169], sinon de notre vivant, du moins après notre mort. Car l'homme en qui la surabondance de la vie n'aura pas été perfectionnée par le principe un et indivisible dans le divisible, par la substance entière sans mélange et proexistante de Bacchus, grâce à l'enthousiasme divin inspiré par le dieu, celui-là court grand risque que sa vie ne s'échappe en coulant, que, en s'échappant, elle ne se divise, et que, en se divisant, elle ne se perde. Cependant ces mots *s'échapper, se répandre, se perdre*, il ne faut pas, en les écoutant, les entendre d'un ruisseau ou d'un fil de lin. Il faut les comprendre dans un autre sens, celui de Platon, de Plotin, de Porphyre et du divin Jamblique. Si on le fait autrement, on rira, d'accord ; mais, en dépit de ce rire sardonique, on sera privé

---

[166] Rapprochement entre les mots *hêmeris*, vigne adoucie par la culture, et *hêméréô*, adoucir, civiliser.
[167] Autre rapprochement, plus ou moins juste, entre Sémélé, et *sunaïmô*, présager, indiquer, montrer, faire voir.
[168] Il y a ici quelques mots passés dans le texte.
[169] Roi de Thèbes, déchiré par sa mère Agavé et par les Bacchantes.

de la connaissance des dieux, avantage contre lequel j'échangerais, pour ma part, l'empire des Romains et celui des barbares, je le jure par mon maître, le Soleil. Mais je ne sais quel dieu m'emporte encore vers des écarts bachiques, sans que j'aie fait attention pourquoi j'ai dit cela.

14. Ceux qui donnent une forme allégorique à leurs fables composées sur des sujets divins, semblent nous crier et nous abjurer de ne pas les prendre à la lettre, mais d'en examiner et d'en rechercher le sens caché. Et de fait, la forme allégorique y est d'autant supérieure à la forme grave, que, en usant de celle-ci, on court le risque de faire passer pour des dieux des hommes illustres, grands, vertueux, qui, cependant, ne sont que des hommes, tandis que, avec l'emploi de l'allégorie, on a l'espoir que l'auditeur, sans s'arrêter au sens apparent des mots, remontera jusqu'à l'essence sublime des idées, jusqu'à la pensée pure qui règne sur tous les êtres. Telles sont les raisons pour lesquelles dans la philosophie initiatrice et mystagogique, il faut préférer à toute autre la forme grave et sérieuse, ce qui n'empêche pas que la pensée ne soit différente de la lettre du récit. Mais quiconque prétend corriger les mœurs au moyen de fictions et de récits fabuleux, celui-là sans doute éprouve le besoin de s'adresser non pas à des hommes faits, mais à des enfants sous le rapport de l'âge et de la raison. Or, si tu nous as pris pour des enfants, moi, Anatolius, Memmorius, Salluste[170], et tous les autres avec eux, tu as besoin d'aller à Anticyre[171]. Car à quoi bon dissimuler? Je te le demande au nom des dieux, de la fable elle-même, et plus encore du Soleil, roi de tous les êtres, qu'as-tu fait de grand ou de petit? Qui as-tu assisté luttant pour la justice? De qui as-tu séché les larmes, en lui enseignant que la mort n'est un mal ni pour celui qui la subit, ni pour ses parents? Cite-nous un jeune homme qui te doive la tempérance, qui de débauché soit devenu sobre par tes leçons, et qui se soit montré beau, je ne dis pas seulement de corps, mais surtout d'âme? Quelle profession exerces-tu? Qui te vaut le bâton de Diogène, ou, par Jupiter! son franc-parler? Tu crois que c'est un grand exploit de prendre le bâton, de laisser pousser tes cheveux, de parcourir les villes et les camps, d'injurier les bons, de flatter les méchants? Dis-moi enfin, au nom de Jupiter et de tous ces auditeurs que vous dégoûtez de la philosophie, pourquoi, lorsque tu t'es rendu en Italie auprès du bienheureux Constance, n'es-tu pas venu jusque dans les Gaules? Tu

---

[170] Anatolius était maître d'office de Julien. Memmorius avait été gouverneur de Cilicie. Il sera question de Salluste dans le discours suivant.
[171] Anticyre, île de la mer Égée, était jadis célèbre par l'ellébore, purgatif drastique fort employé par les anciens pour la guérison de la folie. Voyez Horace, *Art poétique*, v. 300, et Cf. Aulu-Gelle, *Nuits attiques*, XVII, XVII, 13.

te serais rendu auprès de nous, si tu n'avais préféré te lier avec un homme mieux fait pour comprendre ton langage. À quoi te sert de mener une vie errante et de donner de l'occupation aux mules, j'entends même dire aux muletiers qui les conduisent, et qui ont plus peur de vous que des soldats ? Car on m'a dit que vous les traitiez plus durement que les gens qui portent l'épée. Vous leur êtes devenus des objets de terreur. Il y a longtemps que je vous ai donné un nom. Aujourd'hui, je vais l'écrire : c'est le nom d'*apotactistes*[172] que donnent à quelques-uns des leurs les impies Galiléens. Ce sont des gens qui, pour la plupart, ne sacrifient pas grand'chose, ramassent beaucoup, ou plutôt tout, de tous les côtés, afin d'être honorés, escortés, choyés. Tel est aussi votre métier, excepté que vous ne récoltez pas d'argent. Cela ne se voit point chez vous, mais chez nous, qui sommes plus avisés que ces imbéciles. Peut-être aussi n'avez-vous pas de prétexte honnête pour faire sans honte comme eux la collecte, à laquelle ils ont donné, je ne sais pourquoi, le nom d'aumône. Pour le reste, vous leur ressemblez de tout point. Vous avez, comme eux, quitté votre patrie ; vous errez de tous les côtés ; vous allez, plus qu'eux et avec plus d'impudence, porter le trouble dans les camps. Car eux on les appelle, et vous l'on vous chasse. Et quel avantage en résulte-t-il soit pour vous, soit pour nous autres hommes ? Il est venu au camp un certain Asclépiade, puis un Sérénianus, puis un Chytron, puis je ne sais quel garçon blond et de longue taille, puis toi enfin, et avec vous deux fois autant d'autres. Quel bien a produit votre venue, mes braves gens ? Quelle ville, quel particulier s'est bien trouvé de votre franchise ? D'abord n'était-ce pas folie de vous décider à venir trouver l'empereur, qui n'avait pas la moindre envie de vous voir ? Arrivés, n'avez-vous pas agi avec encore plus de folie, de grossièreté et de démence, flattant, aboyant, offrant vos écrits et pressant de les accepter ? Pas un de vous, je crois, ne s'est rendu aussi souvent à la maison d'un philosophe qu'à celle d'un copiste, en sorte que pour vous l'Académie, le Lycée, le Pœcile, c'était le vestibule du palais. N'en finirez-vous point avec tout ceci ? N'y renoncerez-vous pas aujourd'hui, si vous ne l'avez fait auparavant, puisque bâton et chevelure vous sont inutiles ? Oui, vous avilissez la philosophie, vous les plus ignorants des rhéteurs, vous dont la langue ne saurait être purifiée par le divin roi Mercure, ni rendue plus claire par Minerve elle-même venant en aide à ce dieu ! Voilà ce qu'a ramassé leur assiduité à courir les carrefours. Ils ne connaissent pas le proverbe qui dit que « le raisin mûrit près du raisin[173] ». Ils se jettent dans le

---

[172] Renonçants. Julien croit flétrir les cyniques en leur donnant le nom de ces premiers chrétiens fervents, qui renonçaient au monde et à ses joies, pour vivre de la vie pauvre et errante du Christ et de ses Apôtres.

[173] Ce proverbe s'applique aux gens qui prennent les habitudes de ceux avec lesquels ils vivent.

cynisme : c'est un bâton, un manteau, de longs cheveux, et puis tout simplement de l'ignorance et de l'audace, voilà tout. C'est, selon eux, le chemin le plus court et le plus direct [174] pour arriver à la vertu. Plût au ciel que vous en eussiez pris un plus long ! Il vous y aurait conduits plus facilement. Ne savez-vous pas que les chemins courts présentent de grandes difficultés ? De même que, sur la voie publique, celui qui peut prendre le chemin le plus court, évite facilement les circuits, tandis que celui qui fait des circuits est bien loin d'abréger sa route ; ainsi, dans la philosophie, il n'y a qu'un seul commencement et une seule fin, se connaître soi-même et devenir semblable aux dieux. Le commencement, c'est la connaissance de soi-même ; la fin, c'est la ressemblance avec les êtres parfaits.

15. Par conséquent, quiconque veut être cynique, doit, en dépit des usages et des opinions humaines, tourner d'abord ses regards vers lui-même et vers la Divinité. Pour lui, l'or n'est point de l'or, ni le sable du sable. Qu'on lui en propose l'échange et qu'on le laisse arbitre de leur valeur, il sait que tous les deux ne sont que de la terre. Si l'un est plus rare et l'autre plus facile à se procurer, c'est, à ses yeux, l'effet de la vanité et de l'ignorance des hommes. Le honteux ou l'honnête consiste selon lui, non pas dans la louange ou dans le blâme, mais dans la nature. Il évite la superfluité des aliments : il s'interdit les plaisirs de l'amour. Pour les nécessités du corps, il n'est point esclave de l'opinion : il n'attend ni le cuisinier, ni le hachis, ni le rôti, ni Phryné, ni Laïs. Il ne convoite ni la femme, ni la fille, ni la servante de personne. Il satisfait de son mieux et comme cela se trouve aux exigences du corps, et, une fois débarrassé de cette importunité, il contemple, des hauteurs de l'Olympe, les autres hommes,

> Qui sur les prés d'Até roulent dans les ténèbres [175],

expiant quelques courtes jouissances par tous les tourments du Cocyte et de l'Achéron, que l'imagination des poètes a rendus si fameux. Tel est le chemin le plus court. Il faut sortir continuellement de soi-même, se reconnaître pour un être divin, et tenir sans relâche son esprit fixe et immobile aux pensées divines, pures et sans mélange : il faut mépriser son corps et le considérer, suivant le pré-

---

[174] Il y a en grec deux mots qui font une sorte de jeu de language, *syntomos* et *syntonos*, intraduisible en français.
[175] On ignore de quel poète est ce vers. Até, c'est la déesse du mal, qui pousse les hommes au crime et qui les frappe du châtiment.

cepte d'Héraclite, comme un être inférieur, dont on doit satisfaire aisément les exigences et ne se servir que comme d'un instrument[176].

16. Mais revenons au point dont je me suis écarté. La fable étant destinée à l'instruction des hommes faits ou à celle des enfants d'un âge tendre, on doit veiller à ce qu'elle ne contienne rien qui puisse blesser les dieux ou les hommes, rien qui soit impie comme celle que tu nous as débitée récemment. On doit encore, avant tout, examiner scrupuleusement si elle est croyable, appropriée aux choses et vraie dans sa fiction. Mais la fable que tu as composée n'est point une vraie fable comme tu l'as dit, quoique tu lui aies donné un air de jeunesse. Ta fable est une vieille fable que tu as ajustée à d'autres circonstances : c'est ce que pratiquent, ce me semble, les auteurs qui habillent leurs pensées d'un style figuré. Il y en a de nombreux exemples dans le poète de Paros[177]. Tu m'as donc l'air, homme avisé, en faisant ta fable, d'en être pour tes frais de jeunesse : tu n'as écrit qu'un conte de nourrice bien élevée. Si les récits mythiques de Plutarque[178] te fussent tombés entre les mains, tu n'ignorerais pas la différence entre inventer une fable originale et en ajuster une toute faite aux circonstances du moment. Mais je ne veux point te lancer dans des volumes longs et difficiles à dérouler, toi qui aimes le chemin le plus court ; je ne veux pas te faire perdre un instant ni entraver ta marche. N'as-tu pas entendu parler de la fable de Démosthène, de celle que l'orateur de Péania raconta aux Athéniens, lorsque le roi de Macédoine demanda qu'on lui livrât les orateurs attiques[179] ? Tu aurais dû nous donner quelque fiction du même genre, ou bien, j'en atteste les dieux, à quoi bon nous débiter ce fabliau ? Tu veux donc me forcer à me faire fabuliste ?

17. Un homme riche[180] possédait beaucoup de brebis, des troupeaux de

---

[176] Le texte de ce passage n'est pas très net.
[177] Archiloque.
[178] Le titre de cet écrit ne se trouve point sur la liste que Lamprias avait dressée des ouvrages de son père.
[179] « ... Et fut lors, ce que lon escrit, que Demosthenes compta au peuple d'Athenes la fable des brebis et des loups, qui demandèrent une fois aux brebis que, pour avoir paix avec eulx, elles leur livrassent entre leurs mains les mastins qui les gardoyent ; en comparant luy et ses compagnons travaillant pour le bien du peuple aux chiens qui gardent les trouppeaux des moutons, et appelant Alexandre le loup : Davantage, dit-il, tout ainsi que vous voyez que les marchans vont portans un peu de bled dedans une escuelle pour monstre, et parce que la vendent tout ce qu'ilz en ont aussi serez-vous tous esbahiz qu'en nous livrant vous vous rendrez vous-mesmes entre les mains de vostre ennemy. » Plutarque, *Démosthène,* 23. — Cf. Sainte-Croix, *Examen critique des hist. d'Alex.*, p. 232 et 233, et La Fontaine, III, 13.
[180] Dans cette allégorie, l'homme riche est évidemment le grand Constantin, fils de Constance

bœufs et une grande quantité de chèvres : des milliers de cavales paissaient dans ses prairies. Il avait des bergers esclaves ou libres mercenaires ; des bouviers pour les bœufs, des chevriers pour les chèvres, des palefreniers pour les chevaux. Avec cela d'immenses propriétés. Son père lui en avait laissé la plus grande partie : il en avait acquis lui-même autant, voulant être riche justement ou injustement, car il se souciait fort peu des dieux. Il eut de plusieurs femmes des fils et des filles auxquels, avant de mourir, il distribua ses biens, sans avoir jamais donné à ses héritiers aucune leçon d'économie, sans leur avoir appris comment on peut acquérir ce qu'on n'a pas et garder ce qu'on a. Il croyait, dans son ignorance, que la quantité tient lieu de tout. Lui-même avait été fort peu versé dans cette science, ne l'ayant point apprise par principes, mais par une certaine habitude routinière, à peu près comme les mauvais médecins guérissent les hommes au moyen de l'empirisme, vu qu'ils ne connaissent rien à la plupart des maladies. Cet homme s'étant donc figuré que la multitude de ses enfants suffirait pour garder ses richesses, ne s'était point inquiété qu'ils fussent bons. Ce fut la cause de leurs injustices mutuelles.

Chacun d'eux désirant, à l'exemple du père, avoir beaucoup et posséder tout à lui seul, empiète sur autrui. Ainsi vont les affaires. Le mal gagne jusqu'aux parents, qui n'ont pas été assez bien élevés pour arrêter la folie et la malhabileté des fils. Tout est rempli de carnage. Une abominable tragédie est mise en œuvre par le démon. Les biens du père sont partagés par le tranchant du fer. Tout est en proie au désordre. Les enfants renversent les temples nationaux que le père avait déjà méprisés et dépouillés des offrandes déposées par un grand nombre de mains pieuses, et notamment par celles de leurs aïeux. Sur les débris des temples, ils bâtissent d'anciens et de nouveaux sépulcres, comme si un mouvement spontané ou le hasard les eût avertis qu'ils auraient besoin avant peu de nombreux tombeaux pour avoir méprisé les dieux. À la vue de ce désordre général, de ces mariages scandaleux[181], de cette confusion des lois divines et humaines, la pitié vient au cœur de Jupiter. Il tourne ses regards vers le Soleil : « Mon fils, dit-il, ô divin rejeton, plus ancien que le ciel et la terre, conserves-tu encore du

---

Chlore. Ses enfants sont Constantin le Jeune, Constant et Constance, qui, depuis, fut seul empereur. Julien est le jeune homme qui figure en ce récit comme rejeton délaissé de la grande famille à laquelle il était allié, puisqu'il était proche cousin des enfants du grand Constantin, et qu'il épousa dans la suite Hélène, fille de ce prince. Tourlet.

[181] Constance avait épousé en premières noces la fille de Jules Constance, son oncle. On présume que les autres fils de Constantin avaient également épousé leurs cousines germaines. Quoique ces alliances ne fussent point défendues chez les Romains jusqu'à Théodose, elles ne laissaient pas d'être rares, et l'on trouvait qu'elles approchaient de l'inceste. Voyez saint Augustin, *Cité de Dieu*, XV, 16.

ressentiment contre ce mortel audacieux et téméraire, qui, en abandonnant ton culte, attira tant de malheurs sur lui-même, sur sa famille et sur ses enfants? Crois-tu que, pour n'avoir point sévi contre lui, ni lancé sur sa race tes flèches aiguës, on ne t'en imputera pas moins tous ces désastres, toi qui laisses ainsi sa maison abandonnée? Appelons donc les Parques et voyons si ce mortel peut être secouru. » Les Parques s'empressent d'obéir à Jupiter, et le Soleil, pensif et paraissant méditer en lui-même quelque dessein, tient ses yeux fixés sur le maître des dieux. Alors la plus âgée des Parques: « Nous sommes empêchées, mon père, dit-elle, par la Sainteté unie à la Justice. C'est à toi, puisque tu nous as ordonné de leur obéir, de les amener à ton vouloir. — Ce sont mes filles, dit Jupiter; il faut que je les interroge. Que dites-vous, déités vénérables? — Mon père, répondent-elles toutes deux, tu es le maître. Mais veille à ce que ce zèle funeste d'impiété ne règne pas ainsi sur tous les hommes. — J'y veillerai, » répond Jupiter. Aussitôt les Parques s'approchant filent tous les événements que veut le père des dieux. Alors Jupiter dit au Soleil: « Vois-tu cet enfant? (C'était un jeune parent délaissé et négligé, neveu de cet homme et cousin des héritiers[182].) Il est issu de ta race. Jure-moi, par mon sceptre et par le tien, de prendre un soin particulier de lui, de le gouverner et de le guérir de son mal. Tu le vois couvert comme de fumée, de souillures et de suie. Le feu dont tu lui donnas l'étincelle court grand risque de s'éteindre,

>Si tu ne revêts point ta force accoutumée[183].

Tu as mon aveu et celui des Parques: prends cet enfant et nourris-le! » À ces mots, le Roi Soleil reprend sa sérénité, tout ravi de l'enfant, chez lequel il remarque encore une faible lueur de ses propres feux. Dès lors il l'élève

>Loin des dards meurtriers, du carnage et du sang[184],

et le Père des dieux ordonne à Minerve, la vierge née sans mère, de présider avec le Soleil à l'éducation du jeune enfant. Il grandit : il devient jeune homme;

>À son menton fleurit un gracieux duvet[185].

---

[182] Julien lui-même.
[183] Homère, *Iliade*, IX, 231.
[184] *Iliade*, X, 164.
[185] *Iliade*, XXIV, 348.

Jetant alors les yeux sur l'étendue des malheurs qui frappent ses proches et ses cousins, peu s'en faut qu'il ne se précipite dans le Tartare, de l'effroi que lui cause cette multitude de maux. Mais le Soleil bienveillant, de concert avec Minerve Pronoée, le plonge dans un sommeil, dans une léthargie qui l'enlève à cette idée. À son réveil, il rentre dans la solitude. Là, trouvant une pierre, il s'y repose quelque temps, et réfléchit en lui-même aux moyens d'éviter les maux nombreux dont il est menacé. Tout lui est contraire : pas une seule chance favorable. Mercure, qui lui veut du bien, s'offre à lui sous les traits d'un jeune homme, et, le saluant affectueusement : « Viens, dit-il, je te guiderai par un chemin uni et facile, dès que tu auras franchi ce lieu rude et tortueux, où tu vois les uns trébucher, les autres revenir sur leurs pas. » Le jeune homme se met en marche avec circonspection, portant avec lui son épée, son bouclier et sa lance : il était resté la tête nue. Sur la foi de son guide, il s'avance par une route unie, non frayée et complètement pure, chargée de fruits ornée de mille fleurs délicieuses de celles qui sont chères aux dieux ; bosquets de lierre, de lauriers et de myrtes. Mercure le conduisant alors vers une montagne grande et élevée : « Sur le sommet de cette montagne, dit-il, est assis le Père de tous les dieux. Attention, il y a ici un grand danger ! Adore-le avec le plus de piété possible et demande-lui tout ce que tu désires. Sans doute, enfant, tu choisiras le meilleur. » À ces mots, Mercure disparaît de nouveau. Le jeune homme voulait s'informer auprès de Mercure de ce qu'il devait demander au Père des dieux. Quand il ne le voit plus à ses côtés, il ne sait que résoudre. Il prend pourtant un sage parti : « Demandons, à la bonne fortune, ce qu'il y a de meilleur, quoique nous ne voyions pas bien le Père des dieux, O Jupiter, ou quel que soit le nom qui t'agrée et que l'on te donne, car c'est tout un pour moi, montre-moi la route qui conduit là-haut vers toi. La région que tu habites me semble parfaite, si je juge de sa beauté par le charme des lieux que nous avons parcourus pour arriver ici. »

18.   Cette prière achevée, il tombe dans le sommeil ou dans l'extase. Jupiter lui fait voir le Soleil. Le jeune homme, étonné de cette vue : « Ah ! Père des dieux, s'écrie-t-il, pour toutes les faveurs passées et présentes que je te dois, je te consacrerai tout mon être. » Cela dit, il embrasse de ses mains les genoux du Soleil et le conjure de le sauver. Le Soleil, appelant Minerve, ordonne au jeune homme de lui détailler l'armure qu'il a prise avec lui. Quand il voit le bouclier, l'épée et la lance : « Mais, mon enfant, dit-il, où sont donc la Gorgone[186] et le casque ? » Le jeune homme répond : « J'ai déjà eu grand'peine à me procurer cette armure.

---

[186] La tête de Méduse peinte sur l'égide de Minerve, et par suite l'égide elle-même.

Il n'y avait pas une seule âme sympathique à l'enfant proscrit de la maison de ses parents. Et cependant, dit le Grand Soleil, il te faut y retourner. » À cet ordre, le jeune homme supplie qu'on ne l'y renvoie point, et qu'on le retienne où il se trouve, car il n'en reviendra point et il sera tué par les méchants qui sont là-bas. À ses prières se joignent des larmes. « Va, dit le Soleil, tu es jeune et point encore initié. Retourne donc chez toi, où l'initiation t'assurera une vie tranquille. Il te faut partir et te laver de toutes ces atteintes impies. Songe à m'invoquer, ainsi que Minerve et les autres dieux. » Après avoir entendu ces paroles, le jeune homme restait debout en silence. Alors le Grand Soleil le conduit sur une cime élevée : le haut resplendissait de lumière, le bas plongeait dans d'épaisses ténèbres, à travers lesquelles, comme à travers de l'eau, passait la lueur affaiblie de la splendeur du Roi Soleil. « Vois-tu, dit le dieu, ton cousin, l'héritier de ta famille ? — Je le vois, répond le néophyte. — Et ces bouviers, et ces bergers ? — Je les vois aussi, répond le jeune homme. — Que te semble-t-il donc de cet héritier ? Que dis-tu de ces bergers et de ces bouviers ? » Alors le jeune homme : « L'héritier, dit-il, me fait l'effet de sommeiller et de se cacher dans l'ombre pour prendre du bon temps. Quant aux bergers, il y en a quelques-uns de civilisés, mais la masse est cruelle et féroce. Ils mangent et vendent les brebis, et font ainsi double tort à leur maître. Ils dilapident le bétail, et, tout en rapportant peu d'argent pour beaucoup de têtes, ils disent qu'ils sont mal payés et ils se plaignent. Certes, ils eussent mieux fait d'exiger de plus forts salaires que de gâter le troupeau. — Eh bien, dit le Soleil, moi et Minerve, que voici, nous te mettons, par ordre de Jupiter, à la place de l'héritier, et tu régiras tous ces biens. » Ici le jeune homme proteste de nouveau et fait de vives instances pour demeurer. « Non, c'est trop longtemps résister, dit le Soleil ; je t'en voudrais autant que je t'aime aujourd'hui. » Alors le jeune homme : « Ah ! Grand Soleil, et toi, Minerve, je vous prends à témoin, ainsi que Jupiter ; faites de moi ce qu'il vous plaira ! » Aussitôt Mercure reparaît, et redonne du cœur au jeune homme, qui dès lors se flatte d'avoir trouvé un guide pour son retour et pour sa conduite lorsqu'il sera là-bas. Dans le même moment, Minerve : « Apprends, dit-elle, noble fils d'un noble père, enfant des dieux et le mien, que cet héritier n'aime point les bons pasteurs. Les flatteurs et les méchants en ont fait un esclave, qu'ils tiennent dans leur main. Aussi lui arrive-t-il d'être détesté des hommes vertueux et traité on ne peut plus mal par ceux qu'il croit ses amis. Garde-toi donc, une fois revenu, de préférer à l'ami le flatteur. Écoute un second avis, mon enfant. Cet endormi se laisse duper sans cesse. Toi, sois sage, et veille. Ne te laisse pas prendre au flatteur qui affecte la franchise de l'ami. C'est comme un forgeron, tout noir de fumée et de suie, qui mettrait une robe blanche, se couvrirait le visage de vermillon, et à qui tu donnerais en mariage une de tes filles. Écoute encore un troisième avis : « Observe-toi rigoureusement toi-même ; respecte-nous tout seuls et ceux des hommes qui nous ressemblent, mais personne au-delà. Tu vois quel tort a fait à cet insensé sa fausse honte et son état de stupeur ! » Ici le Grand Soleil, reprenant la parole : « Quand tu auras fait choix d'amis, dit-il, traite-les en amis. Ne les regarde point comme des esclaves ou des domestiques. Agis avec eux en homme franc, loyal, généreux. Ne dis pas d'eux une chose quand tu en penses une autre. Tu vois comment cet héritier a couronné sa ruine par sa défiance envers ses amis. Aime tes sujets autant que nous t'aimons. Place ce qui nous regarde avant tous les autres biens. Car nous sommes tes bienfaiteurs, tes amis et tes sauveurs. » En entendant ces mots, le jeune homme sent son cœur dilaté, et proteste de son dévouement à la volonté des dieux. « Va, lui dit le Soleil, marche guidé par une douce espérance. Nous serons partout avec toi, moi et Minerve, et avec nous tous les dieux qui peuplent l'Olympe, l'air, la terre, en un mot toute la race divine, pourvu que tu sois religieux envers nous, fidèle à tes amis, humain avec tes sujets, les gouvernant en prince qui les conduit au bien, et ne servant ni leurs passions, ni les tiennes. Revêts cette armure que tu as apportée ici, et prends de ma main ce flambeau, afin qu'il répande devant toi une vive clarté sur la terre et que tu ne désires rien de ce qu'elle peut t'offrir. Reçois de la belle Minerve, ici présente, cette Gorgone et ce casque. Elle en a plusieurs, comme tu vois, et elle les donne à qui elle veut. Mercure te donnera une baguette d'or. Va-t'en, revêtu de cette panoplie, par toute la terre et par toute la mer, irrévocablement soumis à nos lois ; et que jamais personne, homme, femme, domestique, étranger, ne t'engage à oublier nos commandements. Tant que tu les observeras, tu seras pour nous un ami, un objet précieux, respecté de tous nos bons serviteurs, redouté des méchants et des pervers. Sache que cette chair t'a été donnée pour accomplir cette fonction. Nous voulons, par égard pour tes aïeux, purifier ta famille. Souviens-toi que tu as une âme immortelle, qui est de notre parenté, et que, en nous suivant, tu seras dieu, voyant face à face notre Père avec nous. »

19. Est-ce un mythe, est-ce une histoire vraie, je ne sais. Mais dans le conte que tu as fait, qui prends-tu pour le dieu Pan ? Qui est-ce que Jupiter ? Des hommes comme toi et moi. Toi, tu es Jupiter, et moi Pan. Oh l'être ridicule que ce pseudo-Pan ! Mais quel être plus ridicule, j'en jure par Esculape ! que cet homme qui est tout plutôt qu'un Jupiter ! N'est-ce pas là le discours d'une bouche délirante, dont l'enthousiasme n'est que stupeur et démence ? Tu ne te rappelles donc pas le châtiment de Salmonée, mortel qui avait essayé d'être Jupiter ? Car ce que dit Hésiode de ces hommes qui avaient pris des noms de dieux, ceux de

Junon et de Jupiter, si tu n'en as jamais entendu parler, je te le pardonne. Car tu n'as pas reçu une forte éducation, et tu n'as pas eu, comme moi, le bonheur d'être guidé dans l'étude des poètes par un illustre philosophe [187]. J'arrivai ensuite sur ses pas aux portes de la philosophie, et j'y fus initié par cet homme que je considère comme le plus éminent de notre époque [188]. Il m'apprit sur toute chose à pratiquer la vertu et à croire que les dieux sont les promoteurs de tous les biens. A-t-il perdu son temps, c'est à lui de le voir, et, avant lui, aux souverains dieux. Il me fit perdre toutefois mon emportement et ma brusquerie, et il essaya de me rendre plus modéré que je n'étais. Et moi, quoique un peu exalté, tu le sais, par les avantages de la fortune, je me soumis pourtant à mon gouverneur, à ses amis, à ceux de mon âge et à mes condisciples. Ceux que je l'avais entendu louer, je me hâtais de me faire leur auditeur, et je lisais les ouvrages qu'il avait approuvés. Formé par de tels maîtres, nul philosophe m'initia aux éléments de la science, et un philosophe plus grand encore m'ayant introduit sous le vestibule de la sagesse, je recueillis le fruit, sinon complet, à cause de mes occupations nombreuses, au moins partiel, d'une bonne éducation. Je ne suivis pas le chemin le plus court, comme tu dis, mais une route circulaire. Et cependant, j'en prends les dieux à témoin, je me suis acheminé plus vite que toi, je pense, vers la vertu. Car, ne t'en déplaise, j'ai été introduit sous le vestibule, et toi, tu en es demeuré bien loin. Car qu'est-ce que la vertu avec toi et avec tes confrères... je ne veux rien dire de malsonnant : tu suppléeras le reste ; cependant, si tu le préfères, écoute tranquillement ce que je dis... peut avoir de commun ? Tu blâmes tout le monde, toi qui ne fais rien de louable, et tu loues grossièrement, comme pas un des rhéteurs ignorants, qui, par disette de langage et faute de savoir tirer parti d'un sujet, font intervenir Délos, Latone et ses enfants, des cygnes aux chants mélodieux, des arbres qui répètent leurs accents, des prairies humides de rosée et tapissées d'un gazon tendre et touffu, le parfum des fleurs, le Printemps en personne et mille autres images de ce genre. Isocrate a-t-il jamais fait cela dans ses panégyriques, ou tout autre des orateurs anciens qui cultivaient les Muses noblement et non pas comme les gens d'aujourd'hui ? Mais laissons cela, de peur de soulever à la fois contre moi la haine des cyniques et des rhéteurs du plus bas étage. Car pour ce qui est des cyniques vertueux, s'il en existe encore, et des rhéteurs de talent, je serai toujours leur ami. Quant à notre discours, quoique la matière abonde et qu'il soit possible, si l'on voulait, d'y puiser réellement à plein tonneau, je vais le borner là, vu que je n'ai pas de temps à perdre. Je n'y ajouterai donc que quelques

---

[187] Mardonius.
[188] Maxime d'Éphèse.

mots, comme une fin de compte, et je me tournerai d'un autre côté, après avoir rempli mon engagement.

20. Quelle fut la vénération des pythagoriciens pour les noms des dieux, et celle de Platon, et celle d'Aristote, n'est-il pas juste de le faire observer? Pour le philosophe de Samos [189], cela ne fait doute aux yeux de personne, lui qui défendit de porter le nom des dieux sur un anneau, ni de jurer témérairement par les noms des dieux. Maintenant, si je te dis qu'il voyagea en Égypte, qu'il vit les Perses, et que partout il s'efforça d'arriver à être épopte [190] dans les mystères des dieux et d'être initié partout à toutes les initiations, je te dirai des choses que tu ignores peut-être, mais qui sont connues et sues de tout le monde. Écoute à présent ce que dit Platon: «La crainte que me font éprouver, ô Protarque! les noms des dieux n'a rien de l'homme: elle est au-dessus de toute autre terreur. En ce moment, j'appelle Aphrodite du nom qui lui agrée, mais je sais bien que la volupté n'est pas unique dans son genre.» Ainsi parle Platon dans le *Philèbe*, et il répète à peu près les mêmes choses dans le *Timée* [191]. Il veut même qu'on croie aveuglément et sans examen tout ce que les poètes ont raconté sur les dieux. Je te cite ces passages, afin que l'autorité de Socrate, homme ironique de sa nature, ne te serve pas de prétexte pour rejeter avec d'autres platoniciens cette opinion de Platon. Car, à cet endroit, ce n'est point Socrate qui parle, mais Timée, un homme qui n'a rien d'ironique. Du reste, il n'est pas raisonnable de ne pas juger un langage en lui-même, mais seulement par ceux qui le tiennent ou auxquels il s'adresse. Veux-tu que, après cela, j'en appelle à notre sage Sirène, à ce type de Mercure, dieu de l'éloquence, à l'ami d'Apollon et des Muses [192]? Eh bien, il est d'avis qu'à tous ceux qui demandent ou mettent en question s'il est des dieux, il ne faut pas répondre comme à des hommes, mais les poursuivre comme des bêtes fauves. Et si tu avais lu la défense, gravée, comme chez Platon [193], au front de son école, tu aurais vu qu'il recommandait aux disciples admis à la promenade [194], d'être religieux envers la Divinité, de se faire initier à tous les mystères, d'observer les cérémonies saintes et de s'instruire dans toutes les sciences.

---

[189] Pythagore.
[190] C'était le plus haut degré d'initiation mystique.
[191] *Philèbe*, chap. III; *Timée*, fin du chap. IV et commencement du Ve.
[192] Jamblique. Voyez la lettre XXXIV.
[193] On connaît la devise inscrite sur le frontispice de l'école de Platon: «Nul n'entre ici qui n'est Géomètre.»
[194] Les péripatéticiens.

21.   Tu m'opposerais ici le nom de Diogène comme un épouvantail, que tu ne me ferais pas peur. En effet, il ne se fit pas initier, et il répondit à quelqu'un qui lui en donnait le conseil : « N'est-il pas ridicule, jeune homme, de croire que les fermiers des impôts, grâce à l'initiation, partageront avec les dieux tous les biens d'outre-tombe, tandis qu'Agésilas et Epaminondas seront dans la boue ? C'est un dogme par trop profond, et qui exige, selon moi, des explications trop étendues, pour que les déesses elles-mêmes nous en donnent l'intelligence : je crois donc que cette intelligence nous a été antérieurement donnée. » Ainsi, Diogène ne nous paraît pas aussi impie que vous le dites : il ressemble aux philosophes que j'ai cités tout à l'heure. Envisageant les circonstances où il se trouvait, puis considérant les ordres du dieu pythien, et sachant fort bien que, pour être initié, il fallait d'abord se faire inscrire au rôle des citoyens et être Athénien, sinon de naissance, au moins d'après la loi, il évita moins l'initiation que le titre d'Athénien, se regardant comme citoyen du monde[195]. Il jugeait, dans sa grande âme, qu'il devait plutôt s'agréger à la masse entière des dieux qui régissent l'univers, que de s'incorporer à quelqu'une des faibles portions qui le divisent. Ainsi son respect s'inclinait devant les lois établies par les dieux, mais il foulait aux pieds tout le reste et le marquait d'un nouveau cachet. Il ne voulut point se soumettre au joug dont il s'était si volontiers affranchi, c'est-à-dire qu'il refusa de s'asservir aux lois d'une seule ville, et de contracter le devoir que lui aurait imposé la qualité de citoyen d'Athènes. Et de fait, pourquoi cet homme, qui, à cause des dieux, était venu à Olympie, et qui, afin d'obéir au dieu de Pytho et de philosopher, comme Socrate et plus tard Aristote (car on dit qu'il eut aussi auprès de lui un génie pythien qui l'entraîna vers la philosophie), pourquoi, dis-je, cet homme ne serait-il pas entré avec joie dans le sanctuaire des temples, s'il n'eût pas répugné à s'enchaîner par des lois et à devenir l'esclave d'une république ? Mais alors que ne fit-il valoir cette raison, plutôt que toute autre, qui pouvait abaisser beaucoup la majesté des mystères ? On ferait le même reproche à Pythagore, et avec aussi peu de fondement. En effet, il n'est pas bon de tout dire ; et parfois il convient de laisser ignorer au vulgaire une partie des choses qu'aucune loi ne défend d'ailleurs de révéler. On en voit clairement les motifs. Diogène voyant un homme, qui, peu soigneux de régler ses propres mœurs, se targuait de son initiation et l'engageait à l'imiter, il voulut lui donner une leçon de réserve et lui apprendre que les dieux gardent à ceux dont la vie a le mérite de l'initiation, sans qu'ils soient initiés, de grandes et belles récompenses, tandis que les méchants ne peuvent rien espérer

---

[195]   C'était aussi une des maximes de Socrate. On lui demandait, dit Cicéron, de quelle ville il était citoyen : « Je suis, dit-il, citoyen du monde. » Voyez Cicéron, *Tusculanes*, liv. V, chap. 57.

de semblable, fussent-ils admis dans le sanctuaire. Voilà pourquoi l'hiérophante, en interdisant l'entrée à quiconque n'a point les mains pures et n'a pas le droit d'y pénétrer, en écarte sévèrement les profanes. Mais quelles seront les bornes de mon discours, si je ne t'ai pas encore convaincu ?

CONTRE LES CHRÉTIENS
OU
RÉFUTATION DES ÉVANGILES

Sommaire[196]

La secte des Galiléens est une fourberie purement humaine, qui ne contient que des contes d'enfant. — Comparaison de l'idée de Dieu dans Moïse et chez les Grecs. — Récit de la création du monde par Moïse et par Platon. — Le Dieu de Moïse ne fait que créer ou arranger la nature matérielle, le monde des corps : il n'a aucune puissance pour engendrer la nature spirituelle, le monde animé ; le Dieu de Platon enfante d'abord les êtres intelligents, les puissances, les anges, les bénies, qui créent ensuite les formes ou la nature visible, les cieux, le soleil et les sphères. — Doctrine judaïque du paradis planté par Dieu. — D'Adam et d'Eve. — Tentation d'Eve. — Que penser du serpent qui parle ? Dans quelle langue parlait-il ? — Comment se moquer après cela des fables populaires de la Grèce ? — Dieu interdit à nos premiers parents la connaissance du bien et du mal : il leur défend de toucher à l'arbre de vie, dans la crainte qu'ils ne vivent toujours ; blasphèmes contre Dieu ou allégories. Alors, pourquoi rejeter les mythes philosophiques ? — Dieu choisit pour son peuple les Hébreux. Comment un Dieu juste a-t-il abandonné les autres nations ? Chez les Grecs, Dieu est le roi et le père commun des hommes. — Réfutation du récit de la tour de Babel. — Il faut admettre, si on l'admet, l'escalade du ciel par les Géants homériques. — Préceptes vulgaires du Décalogue. — Le Dieu jaloux et courroucé. — Comparaison du législateur des Hébreux avec ceux de la Grèce et de Rome, avec les grands hommes de l'Égypte et de la Babylonie. Jésus est au-dessous d'Esculape. — L'inspiration divine n'a qu'un temps ; les oracles fameux ont cessé dans la révolution des âges. — Les Galiléens n'ont pris des Hébreux que leur fureur et leur haine contre l'espèce humaine. — Jésus et Paul ne se sont proposé que de tromper des servantes, des esclaves ignorants ; ils n'ont pu deviner le degré de puissance où ils parviendraient un jour. — Peut-on citer, sous le règne de Tibère ou de Claude, des chrétiens distingués par leur naissance ou par leur génie ? — Impuissance de l'eau du baptême a guérir les maux du corps, tandis qu'elle est infaillible pour guérir ceux de l'âme. — Si le Verbe est Dieu, comment Marie, femme mortelle, a-t-elle enfanté un Dieu ? ni Paul, ni Matthieu, ni Luc, ni Marc, n'ont osé dire que Jésus fut un Dieu. — Jean le premier a

---

[196] Une partie de ce sommaire est empruntée à l'analyse de l'ouvrage de Julien faite par Châteaubriand, *Études historiques*, p. 283, édit. Didot, 1848.

déclaré que le Verbe s'était fait chair, et cependant quand il nomme Dieu et le Verbe, il ne nomme ni Jésus, ni Christ. — Considérations sur le sacrifice d'Abraham.

Extraits du livre II de saint Cyrille

1. Il me paraît bon d'exposer à tous les hommes les raisons qui m'ont convaincu que la secte des Galiléens est une fourberie purement humaine, inventée par la perversité, et qui, n'ayant rien de divin, a pipé la partie insensée de notre âme, qui se plaît aux fables, aux contes d'enfant, et lui a fait tenir pour des vérités un tissu de choses monstrueuses.

2. Comme j'ai à parler de tous leurs prétendus dogmes, je veux, avant tout, établir ce point, que ceux qui me liront, s'ils ont l'intention de répondre, fassent comme dans un tribunal : c'est-à-dire qu'ils ne s'évertuent pas à introduire un élément étranger à la cause, ou à récriminer, tant qu'ils n'ont pas détruit l'accusation. Il y aura plus d'ordre et plus de netteté dans leur défense, s'ils s'y renferment exclusivement en réfutant nos assertions, et si, en se lavant de nos reproches, ils ne nous chargent point d'une accusation nouvelle.

3. Mais il faut d'abord reprendre, en peu de mots, d'où nous vient l'idée de Dieu et quelle est celle que nous devons en avoir. Ensuite nous comparerons la notion qu'en ont les Grecs avec ce qu'en ont dit les Hébreux ; puis nous demanderons à ceux qui ne sont ni Grecs ni Juifs, mais qui suivent la secte des Galiléens, pourquoi ils préfèrent l'opinion de ces derniers à la nôtre ; puis enfin comment il se fait qu'ils ne se sont pas fixés à cette opinion, mais qu'ils l'ont abandonnée pour prendre un chemin qui leur fût propre. Ils prétendent qu'il n'y a rien de beau, rien de bon, ni chez nous autres Grecs, ni chez les Hébreux qui suivent la loi de Moïse, et cependant ils se sont approprié les vices inhérents à chacune de ces deux nations, empruntant à la crédulité juive la négation des dieux, à notre indolence et à notre grossièreté d'esprit un système infâme et méprisable, et voulant qu'on appelle cela la religion par excellence.

4. Les Grecs, j'en conviens, ont inventé sur les dieux des fables incroyables et monstrueuses, ils disent que Saturne a avalé ses enfants et qu'il les a ensuite vomis. Puis ce sont des mariages incestueux. Jupiter a couché avec sa mère et en a eu des enfants ; il a épousé sa fille, et, après avoir couché avec elle, il l'a donnée

à un autre. Il y a encore le démembrement de Bacchus et ses membres recollés. Voilà les contes que nous font les Grecs[197].

5. À cela, si vous voulez bien, comparons Platon. Remarquez ce qu'il dit du Créateur et quelles paroles il lui prête au moment de la création du monde, afin de comparer la cosmogonie de Platon et celle de Moïse. C'est le moyen de voir lequel des deux est le meilleur, le plus digne de Dieu, ou de Platon, qui adorait des idoles, ou de celui de qui l'Écriture a dit que Dieu lui parlait face à face[198] : « Au commencement, Dieu fit le ciel et la terre[199]. La terre était sans apparence et sans forme ; les ténèbres étaient au-dessus de l'abîme et l'esprit de Dieu flottait sur les eaux. Et Dieu dit : "Que la lumière soit," et la lumière fut. Et Dieu vit que la lumière était bonne. Et Dieu sépara la lumière des ténèbres. Et Dieu appela la lumière jour, et il appela les ténèbres nuit. Ainsi fut le soir, ainsi fut le matin, ce fut le premier jour. Et Dieu dit : "Qu'il y ait un firmament au milieu des eaux." Et Dieu appela le firmament ciel. Et Dieu dit : "Que l'eau, qui est sous le ciel, se rassemble en une seule masse, afin que le sec paraisse." Et cela fut. Et Dieu dit : "Que la terre porte l'herbe du gazon et le bois qui donne du fruit." Et Dieu dit : "Qu'il se fasse deux grands luminaires dans le firmament du ciel, pour qu'ils répandent la clarté sur la terre." Et Dieu les plaça dans le firmament du ciel, pour luire sur la terre et pour faire le jour et la nuit. »

Dans tout cela évidemment Moïse ne dit point que l'abîme ait été fait par Dieu, ni les ténèbres, ni l'eau. Et cependant il aurait dû, lui qui avait dit que la lumière avait été produite par un ordre de Dieu, s'expliquer aussi sur la nuit, sur l'abîme et sur l'eau. Or, il ne dit absolument rien de leur naissance, quoiqu'il en fasse souvent mention. en outre, il ne parle point de la naissance ni de la création des anges, ni de quelle manière ils ont été produits, mais il semble, d'après ce que dit Moïse des corps répandus dans le ciel et sur la terre, que Dieu n'est le créateur d'aucun être incorporel, mais seulement l'ordonnateur de la matière soumise à ses lois. Quant à l'expression : « La terre était sans apparence et sans forme », elle est d'un homme qui suppose à la matière une essence humide et sèche, et qui lui donne Dieu pour organisateur.

6. Faisons porter la comparaison sur un point unique : voyons comment Dieu opère l'arrangement de la matière dans Moïse et comment dans Platon.

---

[197] Cf. Prudence, *Apotheosis* et le *Diasarmos* d'Hermas.
[198] Voyez l'*Exode*.
[199] *Genèse*, I, au commencement.

« Et Dieu dit[200] : "Faisons l'homme à notre image et ressemblance pour qu'ils dominent sur les poissons de la mer, et sur les oiseaux du ciel, et sur les bêtes, et sur toute la terre, et sur tous les reptiles qui rampent sur la terre." Et Dieu fit l'homme, et il les fit male et femelle, et il leur dit : "Croissez, multipliez, et remplissez la terre, commandez aux poissons de la mer, aux oiseaux du ciel, à toutes les bêtes et à toute la terre." » Écoute maintenant le discours que Platon fait prononcer au Créateur de l'univers[201] : « Dieux des dieux, les œuvres dont je suis l'ordonnateur et le père ne périront jamais : je le veux ainsi. Tout être créé est périssable ; mais vouloir détruire ce qui est bien ordonné, ce qui se tient bien, c'est d'un méchant. Puis donc que vous avez été créés, vous n'êtes pas immortels ni impérissables ; cependant vous ne périrez jamais, vous ne subirez point la condition mortelle, ma volonté étant un lien plus fort et plus puissant que celui qui vous liait au moment de votre naissance. Apprenez maintenant ce que je vais vous découvrir. Il reste à créer trois espèces d'êtres mortels. S'ils n'existaient point, le ciel serait imparfait ; car tous les êtres qui s'y trouvent n'auraient point la vie. Mais si je les créais et s'ils prenaient part à la vie, ils seraient égaux aux dieux. Afin donc qu'il y ait des êtres mortels et que le grand tout soit parfait, appliquez votre nature à la production des êtres et imitez la puissance que j'ai eue en vous créant. Pour moi, dans la limite où il leur est possible d'approcher des immortels, cette essence appelée divine, et qui domine chez ceux qui aspirent constamment vers vous et vers la justice, je la répandrai et je vous la donnerai pour la verser en eux. Quant à vous, unissant le mortel à l'immortel, produisez, engendrez des êtres, nourrissez-les, faites-les croître, et, quand ils périront, recevez-les de nouveau dans votre sein. »

7.   Tout cela est-il un rêve ? Voyez-le et jugez. Platon nomme ici les dieux visibles, le Soleil, la Lune, les Astres et le Ciel, mais ce ne sont que les images d'êtres invisibles. Le Soleil, qui se montre à nos yeux, est l'image d'un soleil intelligible et que nous ne voyons pas. La Lune, qui se montre à nos yeux, et chacun des astres, ne sont que l'image d'objets intelligibles. Platon a donc connu ces dieux invisibles, émanés du Dieu suprême et coexistant avec le Dieu qui les a créés et produits. Platon a donc raison de faire dire par le Dieu suprême aux dieux invisibles : « Dieux des dieux, » c'est-à-dire des dieux invisibles. Or, ce Dieu suprême est celui qui a produit dans le monde intelligible le ciel, la terre, la mer, les astres et leurs archétypes. Vois comme tout cela est juste : il en est

---

[200] *Genèse*, I, à la suite.
[201] *Timée*, 13.   Il faut lire, du reste, tout le dialogue.

de même de ce qui suit. « Il reste, » dit le Dieu suprême, « il reste à créer trois espèces d'êtres mortels, à savoir les hommes, les animaux et les végétaux. » Or, chacune d'elles est séparée par des caractères distincts. Il ajoute : « Si chacun de ces êtres était créé par moi, il serait absolument et nécessairement immortel. » En effet, ce qui émane des dieux, même le monde visible, ne peut manquer d'être immortel, étant issu de l'Être suprême. Or quel est le principe de l'immortalité qui se communique nécessairement à tout être émané de l'Être suprême ? C'est l'âme raisonnable. Il dit encore : « Celles de ces espèces qui aspirent vers vous, je répandrai l'essence divine et je vous la donnerai pour la verser en eux. Quant à vous, unissez le mortel à l'immortel. » Il est évident par là que les dieux créateurs, ayant reçu de leur père la puissance créatrice, ont produit sur la terre les êtres mortels, attendu que, s'il ne devait y avoir aucune différence entre le ciel et l'homme, les animaux, les reptiles et les poissons qui nagent dans la mer, il aurait fallu qu'il n'y eût qu'un seul et même créateur de tous les êtres. Mais, puisqu'il y a un intervalle immense entre les immortels et les mortels, sans qu'aucune addition ajoute et sans qu'aucune diminution retranche rien à ces êtres périssables et éphémères, il faut bien que la cause qui a créé les uns soit différente de celle qui a créé les autres.

8. À quoi me sert d'invoquer ici le témoignage des Grecs et des Hébreux ? Il n'y a pas un homme qui, lorsqu'il étend, en priant, ses mains vers le ciel, et qu'il prend Dieu ou les dieux à témoin, n'ait l'idée d'un être divin et ne se sente porté en haut. Et cette impression est toute naturelle chez les hommes. Voyant qu'il n'y a ni diminution ni augmentation dans les choses célestes, qu'il n'y arrive jamais aucun désordre, mais que leur mouvement est toujours régulier, leur ordonnance toujours symétrique, que les phases de la lune sont réglées, réglés les levers et les couchers du soleil, à des époques réglées elles-mêmes, ils ont vu là un dieu et le trône d'un dieu. Car un être qui n'est susceptible ni d'augmentation ni de diminution, et qui est placé en dehors de toute modification et de tout changement, ne saurait avoir d'origine ni de fin. Être immortel et impérissable, il est exempt de toute souillure ; être éternel et immuable, il est emporté, nous le voyons, par un mouvement circulaire autour du grand Créateur, soit par une âme supérieure et divine qui réside en lui, soit par un mouvement imprimé par Dieu même, comme celui que notre âme imprime à nos corps, impulsion qui le fait rouler dans un cercle immense par un essor incessant et éternel.

Extraits du livre II de saint Cyrille

1.   Comparez à cela la doctrine judaïque, le paradis planté par Dieu, Adam fait par lui et Eve créée après Adam. Dieu dit[202]: « Il n'est pas bon que l'homme soit seul. Faisons-lui une aide à sa ressemblance. » Cependant, cette aide non seulement ne l'aide en rien, mais elle le trompe, et elle devient pour lui et pour elle la cause de leur expulsion des délices du paradis. Voilà qui est tout à fait fabuleux. Est-il raisonnable que Dieu ait ignoré que l'être donné en aide à l'homme serait pour lui une source de mal et non pas de bien ?

2.   Quant au serpent dialoguant avec Eve, de quelle langue dirons-nous qu'il se servit ? De celle de l'homme ? En quoi toutes ces fables diffèrent-elles des fictions des Grecs ?

3.   Et la défense imposée par Dieu aux êtres humains qu'il avait créés de faire la distinction du bien et du mal, n'est-ce pas le comble de l'absurdité ? Peut-il y avoir un être plus stupide que celui qui ne peut pas distinguer le bien du mal ? Il est évident qu'il ne fuira pas l'un, je veux dire le mal, et qu'il ne recherchera pas l'autre, je veux dire le bien. Dieu avait donc défendu à l'homme de goûter à ce qui est le fond même de la raison, qui est la faculté la plus noble de l'homme. en effet, le propre de la raison, c'est de savoir distinguer le bien du mal : vérité frappante, même pour les insensés.

4.   Ainsi, le serpent était le bienfaiteur plutôt que l'ennemi du genre humain et ce qui le prouve mieux encore, c'est ce qui suit, où l'on dit que Dieu est jaloux. En effet, quand il voit l'homme en possession de la raison, afin, dit-il, qu'il ne goûte point de l'arbre de vie, il le chasse du paradis, en disant nettement[203] : « Voici qu'Adam est devenu comme l'un de nous, connaissant le bien et le mal. Et maintenant pour qu'il n'étende pas sa main, qu'il ne touche pas à l'arbre de vie, qu'il n'en mange point et qu'il ne vive pas éternellement, le Seigneur Dieu l'a chassé des délices du paradis. » Si chacun de ces mots n'est pas une allégorie cachant un sens secret, ce que je crois, tout ce récit est plein de blasphèmes contre Dieu. En effet, ignorer que l'aide donnée à l'homme sera cause de sa chute, lui interdire la connaissance du bien et du mal, la seule règle de la vie humaine, et

---

[202] *Genèse*, II, v. 18.
[203] *Genèse*, III, v. 22.

puis craindre par jalousie que l'homme, prenant sa part de la vie, ne devienne de mortel immortel, c'est par trop d'envie et de méchanceté.

5. Parlons maintenant de ce qu'ils disent de vrai sur Dieu et que nos pères nous ont enseigné dès l'origine, à savoir que le Créateur veille sur cet univers. Moïse ne dit pas un mot de ce qui se passe au-dessus du monde : il n'a rien osé avancer sur la nature des anges, bien qu'il ait dit et répété souvent que ce sont les ministres de Dieu. Sont-ils créés ou incréés, sont-ils faits par un autre que Dieu, sont-ils exclusivement les ministres de Dieu, ou exercent-ils d'autres fonctions, rien de précis à cet égard. Mais il parle en détail du ciel, de la terre, des choses répandues à sa surface et de la manière dont elles sont arrangées. Il dit que Dieu ordonna que les unes fussent faites, comme le jour, la lumière, le firmament, et qu'il fit les autres, comme le ciel, la terre, le soleil et la lune, et qu'il sépara les êtres cachés jusque-là, l'eau, je pense, et le sec. En outre, Moïse n'a rien osé dire sur la génération et la création de l'esprit : il a dit simplement : « L'esprit de Dieu était porte au-dessus de l'eau. » Était-il incréé ou créé ? Il n'en dit rien.

6. Comme il est évident que Moïse n'a point tout expliqué sur ce qui concerne le gouvernement du monde par son Créateur, comparons entre elles l'opinion des Hébreux et celle de nos pères sur ce sujet. Moïse dit que le Créateur du monde choisit la nation des Hébreux, veilla exclusivement sur elle, ne se préoccupa que d'elle et lui donna à elle seule tous ses soins. Quant aux autres nations, comment et par quels dieux elles sont gouvernées, il n'en est pas question ; à peine semble-t-il leur accorder de jouir du soleil et de la lune. Mais nous en reparlerons plus loin. Je me borne à constater que Moïse, et après lui les prophètes et Jésus le Nazaréen prétendent que Dieu est exclusivement le dieu d'Israël et de la Judée, et que c'est là son peuple de prédilection. Ajoutons que tous les charlatans et tous les imposteurs qui furent jamais ont été surpassés par Paul. Écoutons ce qu'ils disent, et Moïse d'abord[204] : « Tu diras à Pharaon : Mon fils premier-né Israël. J'ai dit : Renvoie mon peuple, pour qu'il me serve, et tu n'as pas voulu le renvoyer… » Et un peu plus loin : « Et ils dirent : le dieu des Hébreux nous a appelés. Nous irons donc dans le désert, faisant une route de trois jours pour sacrifier au Seigneur notre Dieu. » Et puis encore un peu plus loin : « Le Seigneur Dieu des Hébreux m'a envoyé vers toi, disant : Renvoie mon peuple, afin qu'ils me fassent un sacrifice dans le désert. »

7. Que les Juifs aient été exclusivement sous le patronage de Dieu, qu'ils

---

[204] *Exode*, IV, 22, 23 ; V, 3 ; VII, 16.

aient été son héritage de prédilection, c'est une assertion non seulement de Moïse et de Jésus, mais aussi de Paul. Et cela doit paraître étonnant de sa part. Car, à chaque instant, comme les polypes sur les rochers, il change de croyance relativement à Dieu, tantôt prétendant que les Juifs sont l'héritage exclusif de Dieu, tantôt affirmant que les Grecs y ont aussi part, puisqu'il dit que Dieu n'est pas seulement le dieu des Juifs, mais le dieu des Gentils, positivement des Gentils [205]. Il est donc juste de demander à Paul pourquoi, si Dieu n'est pas seulement le dieu des Juifs, mais des Gentils, il a envoyé seulement aux Juifs l'esprit prophétique, Moïse, l'onction, les prophètes, la loi, les paradoxes et les miracles fabuleux. Tu les entends crier : « L'homme a mangé le pain des anges. » À la fin, Dieu leur envoie Jésus, qui n'est ni oint, ni prophète, ni maître, ni héraut de cet amour de Dieu pour les hommes qui doit plus tard se montrer sur la terre. Mais il attend des myriades, ou, si vous voulez, des milliers d'années, laissant dans l'ignorance et livrés au culte des idoles tous les peuples depuis le lever du soleil jusqu'à son coucher, et tous ceux depuis les ourses jusqu'au midi, à l'exception d'une petite peuplade, habitant depuis deux mille ans à peu près un coin de la Palestine. Si ce Dieu est le dieu de nous tous, si c'est le créateur de toutes choses, pourquoi nous a-t-il abandonnés ? L'auteur ajoute [206] : Convenez avec nous que le Dieu créateur de toutes choses est un produit de votre imagination toute pure, le rêve fantastique de quelqu'un de votre race ? Car tout cela n'est-ce pas de la partialité ? Votre Dieu n'est-il point jaloux ? Or, pourquoi Dieu est-il jaloux ? Pourquoi venge-t-il les fautes des pères sur les enfants ?

Extraits du livre IV de saint Cyrille

1. Mais considérons maintenant quelles sont nos doctrines sur cette question. Nos auteurs disent que le Créateur de l'univers est le père et le roi commun, qu'il a distribué le reste des nations à des dieux protecteurs des nations et des villes, et que chacun d'eux exerce spécialement les fonctions qui lui sont dévolues. En effet, tout étant parfait dans le Père et composant un tout absolu, il y a dans les parties une puissance qui reçoit des applications relatives ; Mars préside aux actes guerriers des nations ; Minerve est la déesse de la prudence et de la guerre ; Mercure leur apprend la ruse plutôt que l'audace ; en un mot chaque nation obéit à l'ascendant particulier de celui des dieux qui est chargé de veiller

---

[205] Voyez épitres de saint Paul aux Romains, chap. x ; aux Ephésiens, III, v. 6, et aux Galates, chap. III, 28.
[206] C'est saint Cyrille qui parle avant de citer Julien.

sur elle. Si l'expérience ne confirme pas ce que je dis, que toutes nos croyances ne soient que mensonge, folle persuasion et que l'on approuve les vôtres. Mais c'est tout le contraire. De tout temps l'expérience a confirmé ce que nous disons, et elle n'a jamais paru s'accorder avec ce que vous dites. D'où vient donc cette prétention ? Dites-moi pourquoi les Celtes et les Germains sont braves, les Grecs et les Romains polis avant tout et civilisés, mais cependant fiers et belliqueux ; les Égyptiens plus avisés et plus industrieux ; les Syriens peu propres à la guerre, mous, mais avec un mélange d'esprit, de chaleur, de légèreté et de facilité à apprendre. Si l'on ne voit pas la cause de cette différence entre les nations, et si l'on soutient que tout cela est l'effet du hasard, comment croira-t-on que le monde est gouverné par une providence ? Mais si l'on en voit la cause, qu'on me la dise, au nom du Créateur lui-même, et qu'on me l'apprenne.

2. Il est constant que les lois correspondent à la nature respective des peuples chez lesquels elles sont établies. Politiques et humaines chez ceux qui sont doués d'humanité, elles sont dures et sauvages chez ceux qui ont un naturel tout à fait différent des premiers. En effet, les législateurs ont ajouté peu de chose, dans leurs prescriptions, au naturel et aux usages. Voilà pourquoi les Scythes accueillirent Anacharsis comme un insensé. On aurait peine à trouver quelques peuples de l'Occident, sauf un très petit nombre, qui cultivent la philosophie et la géométrie et qui même soient propres à ce genre d'études, quoique l'empire romain ait étendu si loin ses conquêtes. Le talent de la parole et l'art des rhéteurs n'y est le privilège que de quelques esprits d'élite, mais ils sont étrangers à toutes les autres sciences. Tant la nature a de force. Qu'est-ce donc que cette différence dans les usages et dans les lois des nations ?

3. Moïse explique d'une manière fabuleuse la variété des langues. Il dit que les fils des hommes s'étant réunis, voulurent bâtir une ville, et, dans cette ville, une grande tour. Dieu dit alors qu'il va descendre et confondre leur langage. Et pour qu'on ne croie pas que j'en impose, nous lirons le texte même de Moïse[207] : « Et ils dirent : Venez bâtissons-nous une ville et une tour, dont la tête ira jusqu'au ciel, et faisons-nous un nom avant de nous disperser sur la face de toute la terre. Et le Seigneur descendit voir la ville et la tour qu'avaient bâties les fils des hommes. Et le Seigneur dit : Voici ce n'est qu'une seule race, qu'une seule langue pour tous, et ils ont entrepris cela, et maintenant ils ne manqueront pas de faire ce qu'ils ont entrepris. Venez : descendons là et confondons leur langue,

---

[207] *Genèse*, I, v. 4, 5, 6, 7, 8.

afin que pas un n'entende la parole de son voisin. Et le Seigneur Dieu les dispersa sur la face de toute la terre, et ils cessèrent de bâtir la ville et la tour. » Vous voulez croire cela, et vous ne croyez pas ce qu'Homère dit des Aloades[208], qui s'avisèrent de mettre trois montagnes l'une sur l'autre « afin d'escalader le ciel ». Moi je dis que cette histoire est aussi fabuleuse que l'autre; mais, vous qui croyez la première, dites-moi, au nom des dieux, pourquoi vous reprochez la seconde à Homère comme une fable. On ne peut dire, ce me semble, qu'à des ignorants que, en supposant même que tous les hommes de la terre habitée n'eussent eu qu'une même parole et une même langue, ils n'auraient jamais pu bâtir une ville allant jusqu'au ciel, eussent-ils mis en briques la terre entière. Car il aurait fallu une masse de briques égale à toute la terre pour aller jusqu'aux cercles de la lune. Supposons, en effet, que tous les hommes, réunis et ayant une même parole et une même langue, aient mis la terre entière en briques et en aient épuisé les pierres, comment atteindront-ils jusqu'au ciel, en supposant même que leur œuvre soit plus allongée qu'un fil que l'on dévide? Le moyen de croire vraie une fable aussi évidemment fausse! Et vous qui prétendez que Dieu se fit peur de la concorde des hommes et que c'est pour cela qu'il confondit leurs langues, vous osez nous dire que vous avez une juste notion de la Divinité?

4. Je reviens à ce que dit Moïse de la confusion des langues. La cause en est, selon lui, que Dieu craignit que les hommes ayant la même parole et la même langue, n'escaladassent le ciel. Et comment Dieu s'y prit-il? Dieu descendit du ciel, ne pouvant faire cela de là-haut, à ce qu'il paraît, et obligé de descendre sur la terre. Quant à la différence des coutumes et des lois, Moïse ni pas un autre n'en disent rien, et cependant il y a plus de variété dans les lois et dans les habitudes politiques des nations humaines que dans leurs langues. Quel est le Grec qui ne regarde comme un crime d'avoir commerce avec sa sœur, sa fille ou sa mère? Les Perses jugent que ce n'est point mal. Ai-je besoin de démontrer en détail que la nation germaine est amie de la liberté et impatiente du joug, tandis que les Syriens, les Perses et les Parthes sont d'une humeur douce et facile, ainsi que les barbares, qui sont à l'orient et au midi et qui, tous sans exception, se soumettent volontiers aux dominations les plus despotiques? Si tout cela s'est fait sous une providence supérieure et divine, pourquoi chercher un être plus grand et plus digne de nos hommages, pourquoi honorer en vain un Dieu qui ne prévoit rien? S'il ne se préoccupe ni de la vie, ni des coutumes, ni des mœurs, ni des bonnes

---

[208] Otus et Ephialte, géants monstrueux, fils de Neptune et d'Iphidémie. Voyez Homère, *Odyssée*, XI, v. 307 et suivants.

lois, ni de la constitution politique des peuples, lui sied-il de réclamer un culte de la part des hommes? Pas du tout. Voyez dans quelle absurdité tombe votre raisonnement.

Parmi les biens qu'on voit dans la vie humaine, les premiers sont les biens de l'âme, puis après viennent les biens du corps. Si donc Dieu ne s'est point préoccupé des biens de notre âme, s'il n'a pourvu en rien à notre bien-être physique, s'il ne nous a envoyé ni docteurs, ni législateurs, comme aux Hébreux, d'après ce que dit Moïse, et après lui les prophètes, quel beau gré pouvons-nous lui en savoir?

5. Mais voyons si ce n'est pas votre Dieu qui nous a donné nos dieux à nous, ces dieux que vous ne connaissez point, ces bienfaiteurs des hommes, qui ne le cèdent en rien au Dieu des Hébreux, adoré dans la Judée, sur laquelle s'étendit exclusivement sa Providence, comme le disent Moïse et ceux qui lui ont succédé jusqu'à nous. La preuve que, sur la question de savoir si le Dieu créateur, adoré par les Hébreux, veille sur le monde, nous avons des notions plus justes que vous, c'est qu'il nous a donné des biens plus grands qu'à eux, biens de l'âme et du corps, dont il sera question plus loin, et qu'il nous a envoyé des législateurs qui valent Moïse, si même plusieurs ne le surpassent point de beaucoup.

6. Ainsi que nous l'avons dit, si Dieu n'a pas établi dans chaque nation, pour la gouverner, un génie ou un démon sous ses ordres, et une race spéciale d'âmes qui obéit et se plie à des êtres supérieurs, d'où résulte la différence des lois et des coutumes, qu'on me montre de quelle autre cause elle peut provenir. Il ne suffit pas de dire: «Dieu dit, et ce fut.» Il faut encore que la nature de ce qui se fait s'accorde avec les ordres de Dieu. Je m'explique plus nettement. Dieu commande, par exemple, que le feu se porte vers le haut et la terre vers le bas. Ne fallait-il pas pour que cet ordre s'accomplît, que le feu fût léger et la terre pesante? Et ainsi du reste. Il en est de même pour les choses divines. Étant donné que la race humaine est périssable et mortelle, il suit nécessairement que ses œuvres sont périssables, sujettes au changement et essentiellement mobiles. Mais Dieu étant éternel, éternels aussi doivent être ses ordres. Ses ordres étant éternels, ils sont la nature même des êtres ou conformes à la nature des êtres. Car comment la nature pourrait-elle être en lutte avec un ordre de Dieu? Comment pourrait-elle exister en dehors de cet accord? Si donc, de la même manière que Dieu a ordonné la confusion des langues et leur dissonance, il a voulu qu'il y eût une différence dans la constitution politique des nations, il ne l'a pas fait seulement par un ordre de lui, mais il a dû nous créer en vue de cette différence. Il a

donc fallu d'abord une différence naturelle entre des nations qui devaient vivre différemment. On le voit d'après les corps mêmes, si l'on considère la différence qu'il y a entre les Germains, les Scythes, les Libyens et les Éthiopiens. Cela peut-il se faire par un ordre pur et simple? Le climat, le pays, l'état du ciel n'y sont-ils pour rien?

7. Moïse s'est plu à obscurcir ce fait à dessein, et il n'a pas attribué la confusion des langues à son Dieu seulement. En effet, il dit que Dieu ne descendit pas seul, mais plusieurs avec lui, et il ne dit pas quels étaient ceux-là. Il est évident qu'il donne à entendre que ceux qui descendirent avec lui étaient semblables à lui. Si donc le Seigneur n'est pas le seul auteur de la confusion des langues, mais que ceux qui étaient avec lui les ont aussi confondues, on est fondé à en conclure qu'ils sont les auteurs de la diversité des nations.

8. Où donc ai-je voulu en venir par cette longue discussion? À ceci, que, si le Créateur prêché par Moïse veille sur le monde, nous avons de lui une opinion meilleure en le considérant comme le maître commun de l'univers. Les autres dieux sont préposés aux nations et placés sous ses ordres, comme les ministres d'un roi, et s'acquittent chacun de leurs fonctions d'une manière différente. Ainsi, nous ne mettons point Dieu dans la dépendance de ces subalternes et nous ne supposons pas qu'il partage avec les dieux qui dépendent de lui. Que si Dieu, pour honorer quelqu'un de ses ministres, lui a confié le gouvernement de l'univers, mieux vaut, en suivant notre doctrine, reconnaître à la fois ce Dieu de l'univers, sans méconnaître l'autre, que d'honorer le Dieu à qui est échu le gouvernement d'une petite partie du monde, au lieu d'honorer le Dieu de l'univers.

Extraits du livre V de saint Cyrille

1. On trouve admirable la loi de Moïse, le Décalogue[209]: «Tu ne voleras point. Tu ne tueras point. Tu ne rendras pas de faux témoignage.» Transcrivons mot à mot chacun des commandements que Moïse assure avoir été écrits par Dieu lui-même: «Je suis le Seigneur ton Dieu, qui t'ai retiré de la terre d'Égypte.» Et après: «Tu n'auras point d'autres dieux que moi. Tu ne te feras point d'idole.» Et il en donne la raison: «Car je suis le Seigneur ton Dieu, qui punit les fautes des pères sur les enfants, le Dieu jaloux. Tu ne prendras pas en vain le nom

---

[209] *Exode*, chap. XX, et *Deutéronome*, chap. IV.

du Seigneur Dieu. Souviens-toi du jour des sabbats. Honore ton père et ta mère. Tu ne forniqueras point. Tu ne tueras point. Tu ne voleras point. Tu ne rendras pas de faux témoignage.» Quelle nation, je le demande au nom des dieux, sauf le «Tu n'adoreras pas d'autres dieux» et le «Souviens-toi des sabbats», quelle nation ne croit pas devoir observer les autres commandements? Si bien qu'il y a partout contre ceux qui les violent des peines, ici plus sévères, là les mêmes, ailleurs moins rigoureuses que celles de Moïse.

2. Mais ce commandement: «Tu n'adoreras pas d'autres dieux» est dans la bouche de Moïse un grand blasphème contre Dieu, et il ajoute: «Je suis le Dieu jaloux.» Et dans un autre endroit: «Notre Dieu est un feu dévorant[210].» Est-ce qu'un homme jaloux et envieux ne te paraît pas digne de blâme? Et tu crois pieux de donner à Dieu le nom de jaloux? Comment peut-il être raisonnable d'avancer un pareil mensonge? Si Dieu est jaloux, c'est malgré lui que les autres dieux sont adorés et que devant eux s'inclinent toutes les autres nations. Comment se fait-il alors que ce jaloux n'ait pas empêché les nations d'adorer les autres dieux, afin de n'adorer que lui seul? Ne le pouvait-il pas, ou bien n'a-t-il pas voulu, dès le principe, empêcher que les autres dieux ne fussent adorés? Il y a impiété à soutenir la première alternative et à dire qu'il ne le pouvait point; quant à la seconde, elle s'accorde avec notre religion. Loin de nous ces enfantillages, et ne nous entraînez point à de semblables blasphèmes!

3. Si Dieu veut que l'on n'adore personne, pourquoi donc adorez-vous son Fils, qu'il n'a jamais reconnu et regardé comme sien, je le prouverai facilement, et dont vous, faites, je ne sais pourquoi, un enfant supposé?

4. Est-ce que Dieu n'a pas l'air de se fâcher, de s'indigner, de s'emporter, de jurer et de passer en un instant d'un parti à l'autre, dans le passage de Moïse où il est question de Phinéès? Si quelqu'un de vous a lu les *Nombres*, il sait ce que je dis. Après que l'homme initié à Béelphégor a été tué avec la femme qui l'avait séduit, de la propre main de Phinéès qui fait à la femme une blessure hideuse et douloureuse, Moïse fait dire à Dieu[211]: «Phinéès, fils d'Éléazar, fils du grand prêtre Aaron, a détourné ma colère de dessus les fils d'Israël, parce qu'il a été furieux de ma fureur au milieu d'eux, et, dans ma fureur, je ne les ai point détruits.» Quoi de plus léger que le motif pour lequel l'écrivain prétend faussement que Dieu se laisse emporter par la colère? Est-il rien de plus absurde de voir que, si

---

[210] *Deutéronome*, chap. IV, v. 25.
[211] *Nombres*, chap. XXV, v. 11.

dix, quinze cents, mettons même mille hommes ont osé violer les lois établies par Dieu, il faut pour ces mille hommes en faire périr six cent mille[212] ? Il me paraît plus sage, comme à tout homme sensé, de sauver un méchant avec mille bons que de perdre mille bons avec un méchant. Il entasse ensuite paroles sur paroles[213] pour dire que le Créateur du ciel et de la terre ne doit pas entrer dans des colères si sauvages, comme quand il veut, à diverses reprises, anéantir la race entière des Juifs. Si la colère, dit-il, d'un héros ou de quelque démon obscur, est funeste à des villes, à des pays entiers, qu'arrivera-t-il de la colère d'un si grand Dieu contre les démons, les anges ou les hommes ?

5. Il faut le comparer à la douceur de Lycurgue, à la clémence de Solon ou à la bonté et à la modération des Romains envers leurs ennemis.

6. Combien nos mœurs valent mieux que les vôtres, jugez-en par ceci. Nos philosophes nous ordonnent d'imiter les dieux autant que nous pouvons. Or, cette imitation consiste dans la contemplation des êtres. Que cet état suppose l'absence de passion et l'usage de la méditation, c'est évident sans que je le dise. Ainsi, se préparer par l'absence de passions à la contemplation des êtres, c'est le moyen d'imiter Dieu. Or, quelle est l'imitation de Dieu chez les Hébreux ? La colère, l'irritation une fureur sauvage. « Phinéès, dit-il, a détourné ma colère. Il a été furieux de ma fureur au milieu des fils d'Israël. » Parce que Dieu trouve un homme qui partage son indignation et sa douleur, il a l'air de renoncer à son indignation. Moïse, en parlant de Dieu, feint mille traits semblables dans un grand nombre de passages de son écrit.

7. Non, Dieu ne s'est point occupé exclusivement des Hébreux, mais il veille sur toutes les nations, et il n'a donné aux Hébreux rien de bon, rien de grand, tandis qu'il nous a comblés de faveurs beaucoup plus remarquables. Les Égyptiens peuvent citer chez eux les noms d'une foule des sages, dont un grand nombre ont succédé à Hermès[214], j'entends par là celui qui est trois fois populaire en Égypte. Les Chaldéens et les Assyriens en ont eu autant depuis Ninus[215] et Bélus, et les Grecs des milliers depuis Chiron. Et depuis lors se sont mon-

---

[212] Le texte de la Vulgate, *Nombres*, chap. xxv, v. 9, dit seulement vingt-quatre mille.
[213] Ce premier membre de phrase est de saint Cyrille.
[214] Chez les Égyptiens Thoth, et chez les Grecs Hermès ou Mercure Trismégiste, inventeur de l'écriture, de la Grammaire, des sciences, des arts, etc. Il existait sous son nom quarante-deux livres sacrés que gardaient les prêtres égyptiens. — Le texte de Julien n'est pas très net en cet endroit.
[215] Il y a dans le texte *Annou*, mais on ne peut douter qu'il ne faille lire *Ninou* et traduire Ninus.

trés toutes sortes d'hommes éclairés et d'interprètes des choses divines : privilège dont se vantent exclusivement les Hébreux. Il raille ensuite[216] David et Samson d'heureuse mémoire, prétendant qu'ils ne sont pas déjà si vaillants dans les combats, mais de beaucoup inférieurs en force aux Égyptiens et aux Grecs, et que leur souveraineté s'étendit à peine jusqu'aux frontières de la Judée.

8. Mais il nous a donné les principes de la science et l'enseignement philosophique. Et lequel ? La connaissance des phénomènes célestes a été perfectionnée chez les Grecs, à la suite des premières observations faites par les Barbares à Babylone. La géométrie, née de la géodésie en Égypte, a fait les immenses progrès que nous voyons. Ce sont encore les Grecs qui ont élevé l'arithmétique, inventée par les marchands phéniciens, au noble rang de la science. Les Grecs enfin joignant les trois sciences en une, adaptent l'astronomie à la géométrie, combinent l'arithmétique avec les deux premières, et constatent les rapports harmonieux qui existent entre elles. De là naît chez eux la musique, grâce à la découverte des lois de l'harmonie fondées sur la convenance parfaite, ou à peu près, du son avec la faculté de le percevoir.

Extraits du livre VI de saint Cyrille

1. Quelles sciences citerai-je une à une, ou quels hommes ? Platon, Socrate, Aristide, Cimon, Thalès, Lycurgue, Agésilas, Archidamus, tous les philosophes, les chefs d'armée, les artistes, les législateurs ? On trouvera que les plus pervers et les plus cruels de ces chefs d'armée se sont montrés plus cléments envers ceux qui leur avaient fait les plus grandes offenses que Moïse à l'égard des gens qui ne lui avaient rien fait du tout.

2. Quel règne vous citerai-je ? Celui de Persée, d'Éaque, ou du Crétois Minos, qui, après avoir purgé la mer infestée par des pirates, refoulé et chassé les Barbares jusqu'à la Syrie et la Sicile, étendit des deux côtés les frontières de son royaume, établit sa domination non seulement sur les îles, mais encore sur tout le littoral, et partagea avec son frère Rhadamanthe son territoire et les soins des peuples qu'ils avaient à gouverner ? Minos donna des lois qui lui avaient été communiquées par Jupiter, et Rhadamanthe, sous sa direction, fut chargé de rendre la justice.

---

[216] C'est saint Cyrille qui parle.

3. Mais Jésus, après avoir séduit quelques misérables d'entre vous, n'est connu que depuis trois cents années. Il n'a rien fait, tout le temps qu'il a vécu, qui soit digne de mémoire, à moins qu'on ne regarde comme un grand exploit de guérir des boiteux et des aveugles et d'exorciser des possédés dans les villages de Bethsaïde et de Béthanie.

4[217]. Après avoir raconté l'histoire de Dardanus, qu'il traite lui-même de vaine rhapsodie, il passe immédiatement à la fuite d'Enée, raconte l'arrivée des Troyens en Italie, fait mention de Rémus et de Romulus, s'étend longuement sur la fondation de Rome, dit que le très sage Numa est un présent fait aux Romains par Jupiter, et s'exprime ainsi : Après que la ville, à son berceau, eut triomphé des guerres qui l'entouraient, en vainquant ses ennemis, et que, accrue par ses malheurs mêmes, elle jouit d'une plus grande sécurité, Jupiter leur donna le roi très philosophe Numa. Ce Numa était un modèle de vertu, vivant dans les bois solitaires, et toujours en commerce avec les dieux à cause de la sainteté de ses pensées. C'est lui qui établit la plupart des lois relatives à la religion.

5. Or, c'est par une inspiration, par une suggestion divine, par la voix de la sibylle et par celle des hommes appelés en grec chresmologues[218], que Jupiter semble avoir communiqué ses bienfaits à la ville de Rome. Un bouclier tombe du ciel, on trouve une tête sur une colline, d'où est venu, je crois, le nom du temple où réside le grand Jupiter[219], mettrons-nous ces faveurs au nombre des premières ou des secondes ? Pauvres hommes que vous êtes, vous refusez d'honorer et de vénérer le bouclier tombé du ciel que l'on a gardé chez nous, gage que nous a envoyé réellement et effectivement le grand Jupiter ou Mars, père des Romains, afin d'être à jamais le rempart de notre cité, et vous adorez le bois de la croix, vous en tracez l'image sur votre front et sur vos maisons ! Doit-on haïr les gens sensés ou plaindre les insensés de votre secte qui se sont jetés, à votre suite, dans une voie tellement funeste, que, abandonnant les dieux éternels, ils s'en vont chez les Juifs adorer un mort ?

6. L'Inspiration que les dieux envoient aux hommes est rare et n'arrive qu'à un nombre très restreint : il est difficile à tout homme d'y avoir part, et en tout temps. Ainsi, elle a cessé chez les Hébreux, et elle n'existe plus chez les Égyptiens. On voit les oracles céder d'eux-mêmes au cours des années. C'est pour cela

---

[217] Toute la première phrase de cet alinéa est de saint Cyrille, résumant un passage de Julien. Le texte de Julien commence à la seconde phrase.
[218] Diseurs d'oracles.
[219] Le Capitole, du mot latin *caput*, tête.

que, dans sa bonté, Jupiter, le père et le maître des hommes, voulant que nous ne fussions point privés de toute communication avec les dieux, nous a donné l'observation des arts sacrés, afin que nous eussions l'assistance nécessaire dans nos besoins.

7. J'allais oublier le plus grand bienfait du Soleil et de Jupiter. Ce n'est pas sans raison que je le place à la fin. Il ne nous appartient pas à nous seuls, il est commun à tous les Grecs, nos frères d'origine. Jupiter, parmi les dieux intelligents émanés de lui, engendra Esculape, et le rendit manifeste à la terre par la puissance génératrice du Soleil. Esculape, descendu du ciel sur la terre, parut à Epidaure sous la forme humaine, et de là, s'avançant plus loin, il étendit sa main secourable sur la terre entière. Il vint à Pergame, en Ionie, à Tarente, et enfin à Rome, puis dans l'île de Cos et à Aeges. Enfin, il visita toutes les nations de la terre et de la mer, et non point chacun de nous séparément, guérissant les âmes malades et les corps infirmes.

8. Les Hébreux peuvent-ils se vanter que Dieu leur ait accordé semblable bienfait, eux pour lesquels vous avez déserté nos rangs ? Si encore vous aviez embrassé leur doctrine, vous ne seriez pas tout à fait malheureux, et votre nouveau sort, quoique moins bon que le premier, quand vous étiez avec nous, serait tolérable et supportable. Au lieu de plusieurs dieux, vous n'en adoreriez qu'un seul, mais au moins vous n'adoreriez pas un homme, ou, pour mieux dire, plusieurs hommes misérables. Et puis, en subissant une loi dure, sévère, qui a quelque chose de sauvage et de barbare, au lieu de nos lois douces et humaines, si vous étiez plus maltraités de ce côté vous seriez toutefois plus saints et plus purs sous le rapport de la religion. Mais vous avez fait aujourd'hui comme les sangsues, vous avez tiré le mauvais sang et laissé le plus pur.

9. Vous ne vous préoccupez point s'il y a eu chez eux de la sainteté. Vous n'imitez que leur colère et leur fureur. Vous détruisez les temples et les autels ; vous égorgez non seulement ceux qui restent fidèles au culte de leurs pères, mais ceux d'entre vous que vous dites infectés d'hérésie, et qui n'adorent pas le mort[220] de la même manière que vous. Mais ce sont là de vos inventions. Jamais Jésus ne vous a donné de préceptes à cet égard, ni Paul. La raison en est qu'ils n'ont jamais espéré que vous en arriveriez à ce degré de puissance. C'était assez pour eux de tromper des servantes, des esclaves, et, par ceux-ci, des femmes et des hommes

---

[220] Le Christ.

tels que Cornélius et Sergius[221]. Si l'on a vu sous le règne de Tibère ou de Claude un seul homme distingué se convertir à leurs idées, regardez-moi comme le plus grand des imposteurs.

10.   Mais je ne sais quelle inspiration et quel entraînement m'avaient fait vous demander pourquoi vous aviez déserté nos rangs et passé chez les Juifs, pourquoi vous vous étiez montrés ingrats envers nos dieux? Répondez. Est-ce parce que les dieux ont donné à Rome l'empire du monde et aux Juifs quelque temps de liberté, puis une servitude perpétuelle chez les autres nations? Voyez Abraham: n'habite-t-il pas sur une terre étrangère? Et Jacob? n'est-il pas successivement esclave en Syrie, puis en Palestine, et, dans sa vieillesse, chez les Égyptiens? Mais, dira-t-on, est-ce que Moïse, de son bras puissant, ne les a pas tirés de l'Égypte, de la maison de servitude[222]? C'est vrai; mais, une fois établis dans la Palestine, n'ont-ils pas changé plus souvent de fortune que le caméléon, comme l'affirment ceux qui l'ont vu, ne change de couleur, obéissant tantôt à des Juges, tantôt à des étrangers? Une fois soumis à leurs rois (comment cela se fit-il, n'en parlons point, car Dieu ne leur accorda point de lui-même de vivre sous des rois; d'après ce que dit l'Écriture, il ne fit que céder à leur contrainte et il les avertit qu'ils seraient mal gouvernés), ils vécurent enfin dans un pays à eux et laborèrent leur petit coin de terre pendant quatre cents ans; mais ils furent les esclaves des Assyriens d'abord, puis des Mèdes, et enfin des Perses, et ils sont les nôtres aujourd'hui.

11.   Ce Jésus que vous prêchez était un sujet de César. Si vous le niez, je vous le prouverai plus tard, ou plutôt montrons-le tout de suite. Ne dites-vous pas, en effet, qu'il fut compris avec son père et sa mère dans le dénombrement sous Cyrénius[223]? Une fois né, quel bien a-t-il fait à ses concitoyens? Ils ne voulurent pas lui obéir. Comment se fait-il que ce peuple au cœur dur, au cou de pierre, ait obéi à Moïse? Ce Jésus, qui commandait aux esprits, qui marchait sur la mer, qui chassait les démons, et qui, comme vous le prétendez, a fait le ciel et la terre (il est vrai que pas un de ses disciples n'a osé le soutenir, excepté Jean, et encore ni très clairement, ni très précisément; mais accordons qu'il l'a dit), ce Jésus n'a jamais pu changer, pour leur propre salut, les opinions de ses amis et de ses parents.

---

[221] Voyez *Actes des Apôtres*, chap. X et XIII.
[222] *Deutéronome*, chap. V, v. 6.
[223] Et mieux Cyrinus. Voyez Evang. selon saint Luc, chap. II, v. 2.

Extraits du livre VII de saint Cyrille

1. Nous reviendrons sur cela plus tard, quand nous parlerons de l'imposture et de la fourberie des Évangiles. Pour le moment, répondez à cette question. Quel est le plus avantageux ou d'être continuellement libre et de commander deux mille ans à la plus grande partie de la terre et de la mer, ou d'être esclave et soumis à une puissance étrangère ? Personne n'est assez éhonté pour préférer ce dernier parti. Croira-t-on de même qu'il vaut mieux à la guerre être vaincu que vainqueur ? Peut-on être assez insensé pour cela ? Si ce que nous disons est vrai, montrez-moi chez les Hébreux un général comme Alexandre, montrez-m'en un comme César. Vous ne le pourriez pas. Je sais, au nom des dieux, que je fais injure à ces grands hommes ; mais je les ai cités comme les plus connus. Il y a, en effet, des hommes inférieurs à eux et inconnus du vulgaire, qui, malgré cela, sont plus illustres que tout ce qu'il y a eu de pareil chez les Hébreux.

2. Les lois civiles, la forme des jugements, la bonne distribution et l'éclat des cités, les progrès dans les sciences, la culture des arts libéraux n'est-elle pas demeurée chétive et barbare chez les Hébreux ? Cependant, le misérable Eusèbe[224] veut qu'il y ait eu chez eux des poèmes en vers hexamètres, et il prétend qu'il existait chez les Hébreux une science logique, dont il n'a connu le nom que chez les Grecs. Où trouver chez les Hébreux un art médical comparable à celui d'Hippocrate, chez les Grecs, et des médecins qui lui ont succédé ?

3. Le très sage Salomon est-il comparable aux Grecs Phocylide, Théognis et Isocrate ? En quoi ? Si l'on compare les Exhortations d'Isocrate avec les Proverbes de Salomon, l'on verra, j'en suis certain, que le fils de Théodore l'emporte sur le roi très sage. Mais, dira-t-on, Salomon était exercé dans le culte de Dieu. Qu'importe ? Le même Salomon n'adora-t-il pas nos dieux, trompé, à ce qu'on raconte, par une femme ? O grandeur de vertu ! ô trésor de sagesse ! Il ne put triompher du plaisir, et il fut séduit par les discours d'une femme. S'il s'est laissé tromper par une femme, ne lui donnez point le nom de sage. Si vous croyez qu'il fut sage, ne croyez point qu'il ait été trompé par une femme. C'est de son chef privé, c'est par prudence, c'est pour obéir aux enseignements de son Dieu, qui lui est apparu, qu'il a sacrifié aux dieux étrangers. Une rivalité jalouse est indigne des hommes de bien. À plus forte raison ne saurait-elle atteindre ni les anges ni

---

[224] Sans doute Eusèbe de Césarée.

les dieux. Et vous, vous vous attachez à des puissances spéciales auxquelles on donnerait, sans se tromper, le nom de démons. Elles sont pleines d'ambition et de vaine gloire, tandis qu'il n'y a rien de pareil chez les dieux.

4. Pourquoi goûtez-vous aux sciences des Grecs, si la lecture de vos Écritures vous suffit ? Mieux vaudrait les défendre aux hommes que de les empêcher de goûter aux viandes offertes en sacrifice. Car, comme dit Paul[225], celui qui en goûte ne fait pas de mal. Mais la conscience de votre frère qui vous voit est scandalisée. Voilà ce que vous dites, vous les plus sages des hommes ! Mais, grâce à ces sciences, tout ce que la nature a mis en vous d'excellent se détache de l'impiété. Oui, n'eussiez-vous qu'une lueur de bon naturel, aussitôt vous vous sentez du dégoût pour vos idées impies. Mieux vaudrait donc vous détourner de ces études que des viandes sacrées. Mais vous savez bien, j'en suis sûr, la différence qu'il y a entre votre instruction et la nôtre. Jamais chez vous un homme ne deviendrait courageux ni vertueux, tandis que chez nous, avec notre éducation, tout homme devient meilleur, à moins d'avoir une nature tout à fait nulle. Mais quand on a une bonne nature, fécondée par l'instruction, on devient pour les hommes un présent des dieux, soit qu'on allume le flambeau de la science, soit qu'on se tourne vers la politique ou vers la guerre, soit enfin que l'on parcoure la terre et la mer : véritable mission de héros. La preuve en est évidente. Vous-mêmes, parmi vos enfants, vous en choisissez pour les appliquer à l'étude des Écritures. Eh bien, si, arrivés à l'âge d'homme, ils sont devenus meilleurs que des esclaves, dites que je suis un fou et un maniaque. Et avec cela, vous êtes assez malheureux, assez insensés pour croire divins des livres dont la lecture n'a jamais rendu personne plus sage, plus courageux, plus vertueux. Et ceux qui permettent d'acquérir le courage, la prudence et la justice, vous les livrez à Satan et à ses adorateurs.

5. Esculape guérit nos corps ; les Muses, avec Esculape, Apollon et Mercure, dieu de l'éloquence, instruisent nos âmes ; Mars et Enyo nous assistent dans les combats ; Vulcain règle et dispose ce qui a trait aux arts, et Minerve, vierge et née sans mère, préside à tout cela sous l'œil de Jupiter. Voyez donc par combien d'avantages nous vous sommes supérieurs, je veux dire par les arts, la sagesse, l'intelligence ; soit que vous considériez les arts qui servent à nos besoins, ou ceux qui se proposent l'imitation du beau, la statuaire, la peinture, l'économie et la médecine, qui, émanée d'Esculape, a répandu sur toute la terre des bienfaits, dont Dieu ne cesse de nous faire jouir. Esculape m'a guéri souvent malade,

---

[225] Voyez I Epitre de saint Paul aux Corinthiens, chap. VIII, v. 7.

après m'avoir prescrit des remèdes, j'en prends à témoin Jupiter. Si donc nous, qui sacrifions à l'esprit d'apostasie, nous sommes mieux partagés sous le rapport de l'esprit du corps et des avantages extérieurs, pourquoi quittez-vous tout cela pour courir à d'autres objets ?

6. Mais pourquoi donc, infidèles à la doctrine des Hébreux, à la loi que Dieu leur a donnée, renonçant à la croyance de vos pères et vous livrant à ce qu'ont annoncé les prophètes, êtes-vous plus éloignés d'eux que de nous ? Si quelqu'un de vous veut considérer ce qui est vrai, il verra que votre impiété vient de l'audace des Juifs, ainsi que de l'indifférence et de la confusion des Gentils. Prenant des deux non ce qu'il y avait de bon, mais ce qu'il avait de pire, vous en avez fait un tissu de mal. Les Hébreux ont quelques bons préceptes pour le culte et les cérémonies saintes, un très grand nombre de recommandations qui exigent une vie et une conduite très religieuses. Leur législateur s'était borné à leur défendre de rendre un culte à tous les dieux, mais à un seul, dont « la portion est Jacob et le lot d'héritage Israël[226] ». À ce premier précepte, il ajoute, si je ne me trompe : « Tu ne maudiras point les dieux. »

Mais l'insolence et l'audace de ceux qui vinrent après lui, voulant détruire tout sentiment religieux dans le peuple, conclut de la défense d'adorer d'autres dieux l'ordre de les maudire. C'est là tout ce que vous en avez tiré, si bien que, dans tout le reste, vous n'avez plus eu rien de commun avec eux. Ainsi, des innovations des Hébreux vous avez pris la malédiction contre les dieux honorés par les autres peuples, et de notre culte vous avez abandonné la piété envers les êtres supérieurs et les institutions chères à nos pères. Vous n'en avez retenu que la permission de manger de tout, comme des légumes d'un jardin. S'il faut vous dire la vérité, vous n'avez fait qu'augmenter la confusion qu'on voit régner chez vous. C'est là, je crois, ce qui arrive probablement chez les autres nations et dans toutes les professions de la société, cabaretiers, publicains, danseurs et autres métiers, et vous croyez devoir vous y conformer.

7. Que ce ne soient pas seulement ceux d'aujourd'hui, mais encore ceux qui ont reçu dans le principe les instructions de Paul qu'on puisse accuser d'être ainsi, on en a la preuve évidente dans ce que Paul leur écrit. Car je ne crois pas qu'il eût été assez imprudent pour leur reprocher les désordres, au sujet desquels il leur écrit, s'il ne les en avait pas sus coupables. S'il leur eût écrit des louanges, se fussent-elles trouvées vraies, il en aurait rougi ; fausses et mensongères, il aurait

---

[226] *Deutéronome*, chap. XXXII, v. 9.

évité, en dissimulant, le soupçon de caresse complaisante et de basse flatterie. Mais voici les paroles que Paul écrit sur ses disciples à ses disciples mêmes[227] : « Ne vous y trompez pas. Ni les idolâtres, ni les adultères, ni les efféminés, ni ceux qui couchent avec des mâles, ni les voleurs, ni les avares, ni les ivrognes, ni les insulteurs, ni les rapaces ne posséderont le royaume de Dieu. Vous n'ignorez pas, frères, que vous étiez ainsi, mais vous avez été lavés et sanctifiés au nom de Jésus-Christ. » Tu vois que, d'après les propres paroles de Paul, ses disciples étaient ainsi, mais ils ont été sanctifiés et lavés, grâce à une eau qui a la vertu de nettoyer, d'enlever les souillures et de pénétrer jusqu'à l'âme. Le baptême, en effet, ne guérit ni la lèpre, ni les dartres, ni les boutons farineux, ni les verrues, ni la goutte, ni la dysenterie, ni l'hydropisie, ni les panaris, ni aucune infirmité du corps, petite ou grande, mais il guérit les adultères et les rapines, et, en un mot, tous les vices de l'âme.

Extraits du livre VIII de saint Cyrille

1. Puisqu'ils prétendent différer des Juifs d'à présent, être les vrais Israélites, d'après les prophètes, les seuls qui croient à Moïse et aux prophètes qui lui ont succédé dans la Judée, voyons en quoi ils sont d'accord avec eux. Commençons par Moïse, qu'ils affirment avoir prédit la naissance de Jésus. Moïse, non pas une fois, ni deux, ni trois, mais maintes et maintes fois, dit qu'il faut adorer un seul Dieu, qu'il appelle le Dieu suprême, mais jamais il ne parle d'un autre Dieu, quoiqu'il parle des anges, des seigneurs et de plusieurs dieux. Mais il y a toujours pour lui un Dieu souverain, absolu, et il n'a pas l'air de croire qu'il y en ait un second, qui n'est ni semblable ni dissemblable, comme vous l'avez inventé. Si vous trouvez une seule parole dans Moïse sur ce sujet, vous avez le droit de la citer. Car ces paroles[228] : « Le Seigneur votre Dieu suscitera un prophète tel que moi dans vos frères, et vous l'écouterez », n'ont été dites en aucune manière au sujet du fils de Marie. Si cependant l'on vous fait cette concession, remarquez que Moïse dit qu'il sera semblable à lui et non pas à Dieu, et que ce prophète sera issu comme lui des hommes, et non pas de Dieu. Et cet autre passage[229] : « Le prince ne manquera point dans Juda ni le chef d'entre ses cuisses, » ce n'est pas de lui du tout qu'il faut l'entendre, mais de la royauté de David, qui semble finir avec le roi Sédécias. Du reste, il y a ici deux versions dans l'Ecriture. Il y est

---

[227] Épitre de saint Paul aux Corinthiens, chap. VI, v. 9 10 et 11.
[228] *Deutéronome*, chap. XVIII, v. 15.
[229] Genèse, chap. XLIX, v. 10.

dit : « Jusqu'à ce que soient venues les choses qui leur sont réservées ; » vous avez mis à la place : « Jusqu'à ce qu'arrive celui à qui il est réservé. » Or, il est évident que rien de tout cela ne convient à Jésus. Car il n'est point de Juda, puisque vous prétendez qu'il n'est pas né de Joseph, mais du Saint-Esprit. Et pour Joseph lui-même, vous avez beau le rattacher à la généalogie de Juda, vous ne pouvez pas réussir dans cette imposture, et l'on prouve que Matthieu et Luc sont tout à fait en désaccord sur cette généalogie.

2. Comme nous devons examiner avec soin l'authenticité de ce fait dans le second livre, laissons-le de côté pour le moment. Supposons donc que ce soit là le prince issu de Juda ; mais ce n'est point un Dieu issu de Dieu, et l'on ne peut dire avec vous que : « tout a été fait par lui et rien n'a été fait sans lui[230] ».

Mais il est dit dans les Nombres[231] : « Il se lèvera un astre de Jacob et un homme d'Israël. » Ces paroles conviennent à David et à ses successeurs, c'est évident. Car David était fils de Jessé. Si vous voulez essayer de tirer quelque lumière de ce passage, faites-le ; mais pour un sens que vous donnerez, je vous en rendrai mille. Quant à croire qu'il n'y a qu'un seul Dieu d'Israël, Moïse dit dans le Deutéronome[232] : « Afin que tu saches que le Seigneur est ton Dieu et qu'il n'y en a pas d'autre que lui. » Et un peu plus loin[233] : « Rappelle dans ton cœur que le Seigneur ton Dieu est dans le ciel en haut et sur la terre en bas, et qu'il n'y en a pas d'autre que lui. » Et puis encore[234] : « Écoute, Israël, notre Seigneur est le seul seigneur. » Et enfin[235] : « Voyez que je suis seul, et il n'y a pas d'autre Dieu que moi. » Voilà ce que dit Moïse, affirmant qu'il n'y a qu'un seul Dieu. Peut-être ceux-ci nous répondront-ils : « Nous n'en admettons également ni deux ni trois. » Et moi je leur dirai, à mon tour, qu'ils les admettent, et j'invoquerai le témoignage de Jean, disant[236] : « Au commencement était le Verbe, et le Verbe était en Dieu, et le Verbe était Dieu. » Tu vois qu'il dit que le fils de Marie, ou tout autre, était en Dieu ; et que je réponde en même temps à Photin[237], peu importe pour le moment : je vous laisse libre le champ de la dispute ; mais que Jean dise que ce

---

[230] Evang. selon saint Jean, chap. I, v. 3.
[231] Chap. XXIV, v. 17.
[232] Chap. IV, v. 35.
[233] *Id.*, v. 39.
[234] Chap. VI, v. 4.
[235] Chap. XXXII, V. 39.
[236] Evang. selon saint Jean, chap. I v. 1.
[237] Evêque de Sirmium, qui mettait des restrictions à la divinité de Christ. On attribue à Julien une lettre latine adressée à cet hérésiarque Voyez la traduction de Julien par Tourlet, t. III, p. 354.

Verbe était en Dieu, ce témoignage me suffit. Seulement comment concilier ces paroles avec celles de Moïse ? Mais, dira-t-on, elles s'accordent avec celles d'Isaïe. Isaïe dit[238] : « Voici une vierge aura dans le ventre et enfantera un fils. »

Supposons que cela soit dit au sujet de Dieu, bien que cela n'ait pas été dit le moins du monde. Car cette femme n'était pas vierge, puisqu'elle était mariée, et que, avant d'être mère, elle avait couché avec son mari. Mais enfin, accordons que cela soit. Est-ce qu'Isaïe dit que la Vierge accouchera d'un Dieu ?

Et vous, vous ne cessez d'appeler Marie mère Dieu. Est-ce qu'Isaïe dit que le fils né de la Vierge sera le fils unique de Dieu, le premier-né de toute la création ? Quant à la parole de Jean[239] : « Tout a été fait par lui, et rien n'a été fait sans lui, » peut-on me la faire voir dans les prophètes ? Mais, ce que nous affirmons, écoutez-le de leur propre bouche[240] : « Seigneur, notre Dieu, prends-nous : hors de toi, nous n'en connaissons pas d'autre. » Ils nous montrent aussi le roi Ézéchias priant de la sorte[241] : « Seigneur, Dieu d'Israël, qui es assis sur les chérubins, tu es le seul Dieu. » Laisse-t-il de la place à un second ?

3. Mais si Dieu ou celui que vous appelez le Verbe (dit Julien) vient de Dieu, et s'il est produit de la substance du Père, pourquoi appelez-vous la Vierge mère de Dieu ? Comment a-t-elle enfanté un dieu, étant une créature humaine ainsi que nous ? Ensuite, comment se fait-il que Dieu ayant dit expressément : « Je suis, et il n'y a pas d'autre sauveur que moi, vous osiez appeler sauveur le fils de Marie ? — Il a aussi posé cette question dans son écrit[242].

Extraits du livre IX de saint Cyrille

1. Que Moïse appelle les anges des dieux, c'est un fait que vous pouvez apprendre par ses propres paroles[243] : « Les fils de Dieu voyant que les filles des hommes étaient belles, ils prirent des femmes parmi toutes celles qu'ils avaient choisies. » Et un peu plus loin : « Et après cela, les fils de Dieu, ayant connu les filles des hommes, ils en eurent des enfants : or, ces enfants étaient les géants renommés de tout temps. » Ce sont donc les anges qu'il désigne : c'est évident et hors de toute supposition ; et ce qui rend le fait encore plus clair, c'est qu'il ne dit

---

[238] Chap. VII, v. 14.
[239] Evang. selon saint Jean, chap. I, v. 3.
[240] Isaïe, chap. XXXVI, v. 20.
[241] *Id., ibid.*, v. 16.
[242] Ce dernier membre de phrase est de saint Cyrille.
[243] Genèse, chap. VI, v. 2 et 4.

pas qu'il soit né d'eux des hommes, mais des géants. En effet, il est certain que, s'il avait cru que des géants eussent des hommes pour pères, et non pas des êtres d'une nature plus relevée et plus puissante, il n'aurait pas dit qu'ils étaient nés des anges. Or, il m'a l'air de donner à entendre que la race des géants est issue d'un mélange du mortel avec l'immortel. Eh bien ! ce Moïse, qui nomme plusieurs fils de Dieu, et qui ne les appelle pas des hommes, mais des anges, s'il avait connu le Verbe fils unique, ou le fils de Dieu, ou quel que soit le nom que vous lui donniez, ne l'aurait-il pas fait connaître aux hommes ? Moïse qui regardait comme si glorieuse cette parole au sujet d'Israël [244] : « Mon fils premier-né Israël, » pourquoi n'a-t-il rien dit de semblable au sujet de Jésus ? Il enseignait qu'il n'y a qu'un Dieu, seul et unique, qui a plusieurs fils, auxquels il a distribué les nations ; mais ce fils premier-né, ce Verbe-Dieu, et toutes les fables que vous avez débitées dans la suite, il n'en a eu aucune idée, il n'en a jamais parlé clairement. Écoutez, au contraire, les paroles de Moïse et des autres prophètes. Moïse ne cesse de répéter des paroles comme celles-ci [245] : « Tu craindras le Seigneur toit Dieu, et tu n'adoreras que lui seul. » Comment donc Jésus est-il montré disant à ses disciples [246] : Allez enseigner toutes les nations et baptisez-les au nom du père, du Fils et du Saint-Esprit. » Comme si elles devaient aussi l'adorer ? Et vous, persistant dans cette idée, vous dites que le Fils est Dieu avec le Père.

2. Écoute maintenant ce que Moïse dit au sujet des expiations [247] : « Il prendra deux boucs parmi les chèvres pour les péchés, et un bélier en holocauste. Et Aaron offrira un veau pour les péchés, et un autre pour lui, et il priera pour lui et pour sa maison. Et il prendra les deux boucs et il les présentera au Seigneur devant la porte de la tente du témoignage. Et Aaron tirera au sort les deux boucs, un sort pour le Seigneur et un sort pour le bouc émissaire, afin de l'envoyer, dit-il, en émission dans le désert. » Car c'est là la manière de l'envoyer en émission. « Quant à l'autre bouc, dit-il, il l'égorgera ce bouc pour les péchés du peuple devant le Seigneur ; et il apportera de son sang du côté intérieur du voile, et il répandra le sang sur la base de l'autel des sacrifices, et il fera une expiation sainte pour les souillures des fils d'Israël, pour leurs injustices et pour tous leurs péchés. »

3. Que Moïse ait connu les rites des sacrifices, c'est un fait évident d'après

---

[244] Exode, chap. IV, v. 22.
[245] Deutéronome, chap. VI, v. 13.
[246] Evang. selon saint Matthieu, chap. XXVIII, v. 19.
[247] Lévitique, chap. XVI, v. 5 et suivants.

ce qui a été dit. Il n'a donc point pensé comme vous qu'ils fussent immoraux, et la preuve en est dans ces mots que je vous prie encore d'écouter[248] : « L'âme qui aura mangé des viandes du sacrifice salutaire, qui est au Seigneur et qui en aura contracté la souillure, cette âme sera exterminée de son peuple. »

4. Il convient ici de rappeler quelques-unes des choses dites antérieurement, afin de voir pourquoi elles ont été dites. Pourquoi en effet, après avoir déserté nos croyances, n'embrassez-vous pas la loi des Juifs et ne restez-vous pas fidèles aux prescriptions de Moïse ? Quelqu'un de clairvoyant dira : « Les Juifs ne sacrifient point. » Mais je lui prouverai qu'il est aveugle : d'abord, parce que vous n'observez aucun des autres rites en usage chez les Juifs ; et puis, parce que les Juifs, même aujourd'hui, sacrifient en secret, mangent des victimes, prient avant de sacrifier, et donnent l'épaule droite en prémices aux prêtres. Seulement, comme ils n'ont plus ni temple, ni autel, ni ce qu'ils appellent sanctuaire, ils ne peuvent offrir à Dieu les prémices de victimes. Mais vous, qui avez trouvé un nouveau mode de sacrifice, et qui n'avez pas besoin de Jérusalem, pourquoi ne sacrifiez-vous pas ? Je crois du reste vous en avoir dit assez sur ce sujet, en vous en parlant tout d'abord, lorsque j'ai voulu vous prouver que les Juifs ne diffèrent point des Gentils, sauf qu'ils croient à un Dieu seul et unique. C'est un dogme qui leur est propre et à nous complètement étranger. Tout le reste leur est commun avec nous, temples, enceintes sacrées, autels des sacrifices, purifications, observances, en quoi nous ne différons en rien, ou du moins en fort peu de choses, les uns des autres.

5. Pourquoi dans l'usage des viandes n'en reconnaissez-vous pas de pures et d'impures comme les Juifs, et pourquoi dites-vous que l'on peut manger de toutes comme des légumes d'un jardin ? Vous vous en rapportez à Pierre qui dit[249] : « Ce que Dieu a purifié, ne le regarde point comme immonde. » Mais cela prouve-t-il que ce que Dieu a jadis cru immonde, il le déclare pur maintenant ? Moïse, en désignant les quadrupèdes, dit[250] : « Tout animal qui a l'ongle séparé et qui rumine est pur, et celui qui n'est pas fait ainsi est immonde. » Si, depuis la vision de Pierre[251], le porc est devenu un ruminant, croyons-le : seulement, c'est un grand miracle qu'il le soit devenu après la vision de Pierre. Mais s'il a menti en disant qu'il a eu cette vision, ou, pour parler avec vous, cette apocalypse, dans

---

[248] Lévitique, chap. VII, v. 20, et chap. XVII ; Julien a mêlé plusieurs versets en un seul.
[249] Acte des Apôtres, chap. X, v. 15.
[250] Lévitique, chap. XI, v. 4.
[251] Voyez la vision de saint Pierre dans le chap. X des Actes des Apôtres.

la maison du corroyeur[252], comment le croirions-nous si vite sur un point si important ? en effet, dans quels embarras ne vous aurait-il pas jetés, si, outre la chair de porc, il vous avait défendu de manger des volatiles et des poissons, affirmant que, indépendamment des autres, ces animaux étaient repoussés de Dieu et regardés comme immondes ?

6. Mais pourquoi m'étendre longuement sur ce qu'ils disent, quand on peut voir quelle en est la force ? Ils disent, en effet, que Dieu, outre une première loi, en a établi une seconde ; que la première, écrite pour la circonstance, était restreinte à un certain temps, et que la seconde fut écrite par Moïse pour être appliquée au temps et au lieu où il se trouvait. C'est là un mensonge, et je le prouverai clairement, en invoquant non pas dix, mais dix mille témoignages de Moïse, où il dit que la loi est éternelle. Écoutez ce passage de l'Exode[253] : « Et ce jour sera pour vous comme un monument ; et vous fêterez cette fête en l'honneur du Seigneur dans toutes vos générations. Vous fêterez cette fête à perpétuité. Vous mangerez sept jours des pains sans levain, et, dès le premier jour, vous ferez disparaître le levain de vos maisons. » — Il entasse ainsi d'autres passages pour prouver que la loi a été dite éternelle ; mais je crois qu'il faut abréger ces longues citations : il ajoute[254] : J'omets un grand nombre d'autres passages où Moïse dit que la loi est éternelle, et je ne veux point les citer, tant ils abondent. À vous de me montrer où est dit ce que Paul a osé avancer, à savoir que « le Christ est la fin de la loi[255] ». Où Dieu a-t-il promis une autre loi que celle qui était établie ? Nulle part ! Nulle part il n'est question de changer la première. Écoute encore Moïse[256] : « Vous n'ajouterez pas un mot à ce que je vous commande, et vous n'en retrancherez pas un mot. Observez les commandements du Seigneur votre Dieu, tels que je vous les commande aujourd'hui. Et maudit soit tout homme qui ne les observe pas tous. » Et vous, vous croyez que c'est peu de chose d'ôter ou d'ajouter aux préceptes écrits dans la loi ! Vous regardez comme un acte de courage de la violer entièrement, comme un trait de grandeur d'âme de ne point considérer la vérité, mais ce qu'approuve le vulgaire.

---

[252] Simon.
[253] Chap. XII, v. 14 et 15.
[254] Cette phrase est de saint Cyrille.
[255] Ep. aux Romains, chap. X, v. 4.
[256] Deutéronome, chap. IV, v. 2 ; X, v. 13 ; XXVII, v. 26.

Extraits du livre X de Saint Cyrille

1. Vous êtes assez misérables pour ne pas même observer les préceptes que vous ont donnés les apôtres et cela s'est fait par la perversité et l'impiété de leurs successeurs. Ni Paul, ni Matthieu, ni Luc, ni Marc n'avaient osé dire que Jésus fût Dieu ; mais l'excellent Jean ayant remarqué qu'un grand nombre de villes grecques et italiennes étaient atteintes de cette maladie, et ayant appris sans doute que les tombeaux de Pierre et de Paul étaient honorés en secret, osa le premier soutenir cette doctrine. En effet, après quelques mots sur Jean-Baptiste, il revient à son fameux Verbe, et il dit[257] : « Et le Verbe est devenu chair, et il a habité parmi nous. » Comment, il a craint de le dire. Mais nulle part il ne nomme ni Jésus, ni le Christ, quand il parle de Dieu et du Verbe. Il cherche à tromper nos oreilles doucement, secrètement, disant que Jean-Baptiste a rendu ce témoignage à Jésus que c'est lui qu'il faut croire qui est le Verbe de Dieu.

2. Que Jean ait dit cela du Christ, je ne le nie point, bien qu'il semble à quelques impies qu'autre est Jésus-Christ, autre le Verbe prêché par Jean. Mais il n'en est point ainsi. Car il dit lui-même que le Verbe-Dieu est bien le Christ-Jésus connu de Jean-Baptiste. Remarquez avec combien de précaution, de ménagement et de dissimulation il introduit dans son drame ce dénouement impie. Sa fourbe hypocrite lui fait ajouter ces paroles ambiguës[258] : « Personne n'a jamais vu Dieu. Le fils unique, qui est dans le sein du Père, nous l'a révélé. » Faut-il entendre par là le Dieu-Verbe, devenu chair, le fils unique, qui est dans le sein du Père ? Or, si c'est lui, comme je le crois, vous avez vu Dieu. Car[259], « Il a habité parmi nous et vous avez vu sa Gloire. » Pourquoi alors ajoutes-tu que personne n'a jamais vu Dieu ? Car vous l'avez vu, sinon Dieu le Père, du moins le Verbe-Dieu. Mais si autre est le Dieu fils unique, autre le Verbe-Dieu, comme je l'ai entendu dire à plusieurs de votre religion, Jean lui-même ne semble pas avoir osé le soutenir.

3. Julien, toujours disposé à nous prêter ses inventions et à accuser tout ce qu'il y a de saint, nous reproche ainsi notre vénération pour les saints martyrs[260]. Ce mal, dit-il, provient de Jean ; mais ce que vous avez inventé dans la suite, en

---

[257] Evang. selon saint Jean, chap. I, v. 14.
[258] *Id., ibid.*, s. 18.
[259] *Id., ibid.*, v. 14.
[260] Phrase de saint Cyrille.

ajoutant de nouveaux morts à votre ancien mort, comment le détester assez? Vous avez tout rempli de tombeaux et de sépulcres, quoiqu'il ne vous soit dit nulle part de vous rouler devant les sépulcres et de les honorer. Mais vous en êtes venus à ce point de perversité, que vous croyez ne devoir tenir compte à cet égard des paroles de Jésus le Nazaréen. Écoutez ce qu'il dit des sépulcres[261]: « Malheur à vous, scribes et pharisiens hypocrites, parce que vous ressemblez à des sépulcres blanchis: au dehors, le sépulcre paraît beau; mais au dedans il est plein d'ossements morts et de toutes sortes d'ordures. » Si Jésus dit que les sépulcres sont pleins d'ordures, comment se fait-il que vous invoquiez Dieu sur eux? Joignez à cela qu'un disciple ayant dit[262]: « Seigneur, permets-moi de m'en aller tout de suite, pour ensevelir mon père, » Jésus lui dit: « Suis-moi, et laisse les morts ensevelir leurs morts. »

4. Cela étant, pourquoi vous roulez-vous devant les tombeaux? Voulez-vous en savoir la cause? Ce n'est pas moi qui vous la dirai, c'est le prophète Isaïe[263]: « Ils dorment sur les tombeaux et dans les cavernes à cause des songes. » Vous voyez donc comment c'était jadis chez les Juifs une œuvre de magie de dormir sur les tombeaux pour avoir des songes. Il est croyable que vos apôtres, après la mort de leur maître, ont transmis cette coutume aux premiers d'entre vous qui ont cru, qu'ils ont exécuté ces manœuvres avec plus d'habileté que vous et qu'ils ont ensuite étalé en public leurs laboratoires de magie et d'abomination.

5. Vous pratiquez, du reste, ce que Dieu a défendu, dès l'origine, par Moïse et par les Prophètes, et vous évitez de conduire des victimes à l'autel et de sacrifier. Car le feu ne descend plus du ciel, comme du temps de Moïse, pour consumer les victimes, fait qui, d'ailleurs, n'est arrivé qu'une fois à Moïse, et une seconde fois, longtemps après, à Élie, natif de Tesbé[264]. Moïse croyait donc qu'il fallait apporter le feu d'un autre lieu, et le patriarche Abraham était du même avis. C'est ce que je vais raconter en peu de mots. — Ici Julien[265] raconte l'histoire d'Isaac et cite de nouveau l'exemple d'Abel. Il dit que, lorsque son frère

---

[261] Évang. selon saint Matthieu, chap. XXIII, v. 27.
[262] *Id.*, chap. VIII, v. 21 et 22.
[263] Chap. LXV, v. 4. Ce passage est fort controversé. Le teste de La Vulgate, traduit par saint Jérôme et approuvé par les souverains pontife Sixte-Quint et Clement VIII, porte: « Qui habitant in sepulcris et in delubris idolorum dormiunt. » Ce qui est pas le texte de Julien, et par conséquent cela détruit la conclusion qu'il en tire.
[264] Voyez Rois, liv. IV, chap. I, v. 10 et suivants.
[265] C'est saint Cyrille qui parle.

et lui sacrifiaient, ils n'avaient pas eu le feu du ciel, mais qu'ils l'avaient apporté d'ailleurs sur les autels, et il se donne beaucoup de mal à éclaircir la question de savoir pourquoi Dieu approuve le sacrifice d'Abel et réprouve celui de Caïn. Il se demande ce que veut dire [266] : « Est-ce que, si tu as bien offert, mais mal partagé, tu n'as fait une faute ? Reste en repos ; » et il s'efforce d'ajuster cette parole à ses observations. Il dit qu'à un Dieu vivant un sacrifice est plus agréable d'êtres animés que de fruits de la terre.

6. Mais ne considérons pas seulement ce passage. Voyons-en d'autres où les fils d'Adam offrent des présents à Dieu [267] : « Dieu jeta les yeux sur Abel et sur ses offrandes, mais il ne fit pas attention à Caïn et à ses sacrifices. Et cela fit beaucoup de peine à Caïn, et son visage fut abattu. Et le Seigneur Dieu dit à Caïn : Pourquoi es-tu devenu triste et pourquoi ton visage est-il abattu ? Est-ce que, si tu as bien offert, mais mal partagé, tu n'as pas fait une faute ? » Désirez-vous savoir maintenant quelles étaient leurs offrandes [268] ? » Or, il arriva après quelques jours que Caïn offrit en sacrifice à Dieu des fruits de la terre, et Abel offrit, de son côté, des premiers-nés de ses brebis et de leurs graisses. « Oui, dit-on, ce n'est pas le sacrifice que Dieu a blâmé, mais le partage, quand il dit à Caïn : « Est-ce que, si tu as bien offert, mais mal partagé, tu n'as fait une faute. »

Voilà ce que me dit un des plus sages évêques. Mais il s'est trompé lui-même, et, après lui, les autres. Car en quoi le partage de Caïn était blamable, il ne put l'expliquer, ni en donner même une mauvaise réponse. Aussi le voyant tout confondu, je lui dis : « Dieu a bien fait de condamner ce que vous dites. La volonté était égale dans Abel et dans Caïn : ils pensaient tous deux qu'il fallait offrir à Dieu des présents et des sacrifices. Mais pour le partage, l'un atteignit le but, l'autre le manqua. Comment cela ? Le voici. Parmi les choses terrestres, les unes sont animées et les autres inanimées : or, les choses animées ont plus de prix que les choses inanimées aux yeux du Dieu vivant et auteur de la vie, en tant qu'elles participent à la vie et qu'elles sont plus proches de l'âme. Ainsi Dieu favorisa celui qui lui avait offert le sacrifice le plus parfait. »

7. Il faut maintenant que je vous demande pourquoi vous ne vous circoncisez pas. Paul, dites-vous, prétend que la circoncision du cœur a été prescrite, et non celle de la chair [269] : c'est la première et non pas la seconde qui était celle

---

[266] Genèse, chap. IV, v. 7.
[267] Id., ibid., v. 4 et suivants.
[268] Id., ibid.
[269] C'est, sinon la lettre, du moins le sens du texte de saint Paul, Ep. aux Rom., chap. II, v. 25

d'Abraham, et l'on ne doit point regarder comme conformes à la religion les paroles de Paul et de Pierre sur ce sujet. Apprenez, en effet, qu'il est dit que Dieu donna la circoncision charnelle à Abraham comme un gage d'alliance et une marque distinctive[270] : « Et c'est le gage d'alliance que tu garderas entre moi et vous et entre toute ta race, de génération en génération. Et vous circoncirez la chair de votre prépuce ; et ce sera un signe d'alliance entre moi et toi ; et entre moi et ta race. » Julien ajoute à cela que le Christ lui-même a prétendu qu'il fallait observer la loi, lorsqu'il a dit[271] : « Je ne suis point venu détruire la Loi, ni les Prophètes, mais l'accomplir. » Et plus loin[272] : « Quiconque aura manqué au plus petit des préceptes de la Loi et qui enseignera ainsi aux hommes, sera appelé le plus petit dans le royaume des cieux. » Puisque Jésus a ordonné expressément d'observer la Loi, et qu'il a établi des peines contre celui qui manque même à un seul commandement, vous qui les violez tous, quel moyen d'apologie trouverez-vous ? Ou Jésus est un menteur, ou vous êtes du tout au tout des infracteurs de la Loi. — Julien nous accuse ensuite de ne point observer les sabbats, de ne point immoler un agneau à la manière des Juifs et de ne point manger des pains sans levain. Il ajoute que la seule raison qui nous reste pour excuser ce manquement est qu'il n'est point permis de sacrifier à ceux qui sont hors de Jérusalem.

8. « La circoncision[273], dit le Seigneur à Abraham, sera faite sur ta chair. » Négligeant ce précepte, nous nous circoncisons le cœur, dites-vous. C'est bien. Il n'y a chez vous ni fourbe, ni méchant, tant vous vous circoncisez le cœur. À merveille. Nous ne pouvons, dites-vous encore, observer les azymes, ni faire la Pâque. Le Christ s'est immolé une fois pour nous, et il nous a défendu de manger des azymes. Certes, j'en atteste les dieux, je suis un de ceux qui vous détournent de prendre part aux fêtes des Juifs, mais j'adore le Dieu d'Abraham, d'Isaac et de Jacob, lesquels étant Chaldéens, de race sainte et sacerdotale, avaient appris la circoncision en voyageant chez les Égyptiens. Ils honorèrent un Dieu, qui me sera propice à moi et à tous ceux qui l'honorent comme Abraham, un Dieu plein de grandeur et de puissance, mais qui n'a rien de commun avec vous, parce que vous n'imitez point l'exemple d'Abraham, en érigeant des autels, en dressant des pierres pour les sacrifices, et en le servant par des cérémonies saintes.

---

et suivants.
[270] Genèse chap. XVII, v. 10 et 11.
[271] Évang. selon saint Matthieu, chap. V, v. 17.
[272] *Id., ibid.*, v. 19.
[273] Genèse, chap. XVII, v. 11.

9. Oui, Abraham sacrifiait comme nous, toujours, assidûment, et il se servait de la divination la meilleure, celle qui se fait par les sacrifices. Peut-être dira-t-on que c'est là de l'hellénisme. Mais il recourait aux augures, et il avait un intendant de sa maison habile dans la science augurale[274]. Si quelqu'un de vous ne le croit pas, je le prouverai en citant les propres paroles de Moïse[275] : « Après ces paroles, il y eut un discours du Seigneur à Abraham, lui disant dans une vision nocturne : Ne crains pas, Abraham : je suis comme un bouclier sur toi. Ta récompense sera infiniment grande. Abraham dit : Maître, que me donneras-tu ? Je m'en vais sans enfants, et le fils de Masec[276], né dans ma maison, sera mon héritier. Et aussitôt la voix de Dieu vint à lui, disant : Celui-là ne sera point ton héritier, mais celui qui sortira de toi sera ton héritier. Alors, il le conduisit dehors et lui dit : Regarde vers le ciel, et compte les étoiles, si tu peux les compter : Et il lui dit : Ainsi sera ta postérité. Et Abraham crut à Dieu ; et cela lui fut réputé à justice. Dites-moi maintenant pourquoi celui qui répondait, Ange ou Dieu, le conduisit dehors et lui montra les étoiles. Ignorait-il donc, quoique à l'intérieur, la multitude innombrable d'étoiles qui apparaissent sans cesse et qui scintillent au milieu de la nuit ? Pour moi, je ne doute point qu'il ne voulût lui montrer les étoiles, qui traversent l'espace, pour lui confirmer sa promesse par les décrets du ciel, qui régit et qui sanctionne tout.

10. Mais, afin que l'on ne regarde point comme forcée l'explication du passage en question, je la confirmerai par ce qui suit immédiatement. Il est écrit à la suite[277] : « Or, il lui dit : Je suis le Dieu, qui t'a fait sortir du pays des Chaldéens, pour te donner cette terre en héritage. Abraham dit : Seigneur maître, à quoi reconnaîtrai-je que j'aurai cette terre en héritage ? Le Seigneur lui répondit : Prends-moi une génisse de trois ans, une chèvre de trois ans, un bélier de trois ans, une tourterelle et une colombe. Il prit tout cela et les partagea par la moitié et mit chaque moitié vis-à-vis l'une de l'autre ; mais il ne partagea pas les oiseaux. Et des oiseaux descendirent sur les morceaux et Abraham s'assit avec eux[278]. »

---

[274] Éliézer, mot qui signifie aide du Seigneur ou aide de la maison.
[275] Genèse, chap. XV, v. 1 et suivants.
[276] Nous, traduisons littéralement d'après le texte de saint Cyrille que nous avons sous les yeux. Mais nous faisons observer que ce verset a été l'objet de longues controverses. Ainsi, le mot Masec se lit Damesech ou Damascus dans le texte approuve par Sixte-Quint et Clément VIII ; et, dans ce même texte, en vertu d'un autre changement, le mot glee *Oikogenous*, né dans la maison, se lit Eliézer, nom propre qui a un sens analogue au mot grec.
[277] Genèse, chap. XV, v. 8, 9, 10 et 11.
[278] Le texte approuvé par Sixte-Quint et par Clément VIII varie sur la fin de ce dernier verset. Il dit : « Et Abram les chassait. »

Remarquez que l'Ange qui apparut, ou Dieu, ne confirma point sa prédiction, comme vous, à la légère, mais par la divination accomplie au moyen de victimes. —Julien ajoute qu'il confirma sa promesse par le vol des oiseaux ; et il approuve la foi d'Abraham, en ajoutant que la foi sans un objet vrai lui paraît une faiblesse d'esprit et une folie. Or, la vérité, dit-il, ne consiste pas dans un simple mot, mais il faut que les paroles soient accompagnées d'un signe évident, garantissant la certitude de la prédiction qui doit s'accomplir dans l'avenir.

Table des matières

SUR LE ROI SOLEIL 4
   À Salluste 4
SUR LA MÈRE DES DIEUX 28
CONTRE LES CHIENS IGNORANTS 46
CONTRE LE CYNIQUE HÉRACLIUS 65
CONTRE LES CHRÉTIENS ou RÉFUTATION DES ÉVANGILES 92
   Extraits du livre II de saint Cyrille 93
   Extraits du livre II de saint Cyrille 97
   Extraits du livre IV de saint Cyrille 99
   Extraits du livre V de saint Cyrille 103
   Extraits du livre VI de saint Cyrille 106
   Extraits du livre VII de saint Cyrille 110
   Extraits du livre VIII de saint Cyrille 113
   Extraits du livre IX de saint Cyrille 115
   Extraits du livre X de Saint Cyrille 119